光与热

新一代媒体人不可不知的新闻法则

[美] 迈克·华莱士（Mike Wallace） [美] 贝丝·诺伯尔（Beth Knobel）◎著
华超超 许坤◎译

HEAT AND LIGHT

Advice for the Next Generation of Journalists

中国人民大学出版社
·北 京·

《南方周末》非虚构作品译介项目
编辑委员会

前　言

我们眼中的新闻业

记者是个抱怨者、责难者，提供建议，辅佐政权，指导国家。

四家敌对的报纸远比千把刺刀更叫人害怕。

——拿破仑·波拿巴（Napoleon Bonaparte），法国领袖

这本书是有关如何制作好新闻，甚或是伟大新闻的。其中一位作者迈克·华莱士（Mike Wallace）是美国顶尖记者之一，有着近70年记者及电视主持人的职业生涯。他几乎获得了一个电视记者可以得到的所有奖项，包括21个艾美奖（Emmy Awards），其中大部分是为嘉奖他在CBS新闻《60分钟》节目中的卓越表现。另一位作者贝丝·诺伯尔（Beth Knobel）在报纸、广播和电视行业有近30年的从业经验，后转投新闻教育事业。知名记者与新闻学教授在本书中强强联手，解密新闻这一行业，希望我们述说的故事、给出的建议，能给下一代新闻记者带来帮助。

这样做的同时，我们也意识到当下要在新闻行业起步尤为困难。就在我们写作这本书的时候，整个新闻行业境况堪忧。因为渐呈入不敷出的态势，报纸杂志一批批关闭。几乎每一家纸媒都在减缩，因为读者越来越不愿意为他们能在网上免费读到的内容付费了。广播电视网的新闻节目能吸引到的观众同样越来越少。眼下，不仅传统新闻媒介的新职位极少，而且整个行业的职位数都在一路下滑——近几个月

来，数千名记者失去了工作。所有新闻工作者都因此深陷困境，而年轻记者所受到的影响尤为严重。

这一状况使得对于本书的需求更加急迫，而非减少了。年轻记者要在这个严酷的职业市场竞争，就需要掌握他们能得到的所有知识和技能。刚起步的新记者需要显示他们了解这行最一流的运作，无论是在技术还是知识层面上。尽管媒体前景有所改变，互联网开始一统其他媒介，21 世纪的新闻工作者仍然能从本书推荐的基本知识中获益良多。新闻传播的媒介或会改变，但优质新闻的本质却始终如一。“如何适应这一转变对我们来说都极具挑战，”《华盛顿邮报》执行编辑马库斯·布劳奇利（Marcus Brauchli）如此说，“但无论新的信息生态会如何发展，新闻业的基本法则仍然重要。”

尽管媒体的图景或许正在转变，但对高品质新闻的需求却会一直存在，这也是美国建国的支柱之一。开国元勋们明白这一点。“如果要我决定我们应该选择一个没有报纸的政府还是一个没有政府的报纸，我会毫不犹豫地选择后者。”早在 1787 年，托马斯·杰斐逊（Thomas Jefferson）便如是说。今天的领导人也明白这一点。“这个行业最终的胜利亦是我们国家民主的胜利，”奥巴马总统在 2009 年的白宫记者晚宴上，当着整个宴会厅全国各地的顶级记者们如此宣布，“是你们帮助了我们这些为美国人民服务的人进一步完善自己的工作，让我们负起责任，要求我们诚实，防止我们走捷径并跌入投机取巧又深为人们厌倦的政治游戏。”

你可以确确实实数出上百位勇敢的记者，他们或是曝光罪行，或是为公众带来有用的信息，抑或是改善了人们的生活。美国广播电视新闻鼻祖，CBS 新闻记者爱德华·默罗（Edward R. Murrow）把一个胡乱指认普通人为共产党员从而毁了他们生活的参议院议员拉下了台；他曝光并试图终结对低收入农民的剥削；他也为公民的权利游说。已故伟大的沃尔特·克朗凯特（Walter Cronkite，我们将在本书稍后提到他），于1968年前往越南战争现场报道后称这是场不可取胜的战争，从而有效地促成了这场战争的终结。就在几年之后，两名《华盛顿邮报》城市版的记者报道了水门大厦民主党全国委员会办公室遭窃听的新闻，之后一系列的报道将一位总统拉下了马。这些是美国新闻历史上的伟大时刻，而虽微小却同样重要的新闻则每天都在发生。算上这世上所有其他国家的新闻，你便会明白媒体是多么重要。

除却当下经济上的挑战，从历史的角度看，新闻业不太可能会消失。过往一百年中，每当有新的传播媒介出现时，人们都以为这会毁了新闻业。当广播刚刚成为大众媒介时，人们认为它会摧毁优秀的报刊报道。当电视出现时，人们又以为它会让报纸和广播尽遭遗弃。现在，随着互联网诞生迎来媒介转变，许多人都在担心新闻业是否能挺过来。我们非常肯定它一定可以。并且它也一定得挺过来。申请新闻学院和新闻专业的学生越来越多这一事实就证明了，年轻人并没有被吓跑。

当然，所有这些传播模式的变迁都为记者带来了新的挑战，而我们所处的时代也不会例外。新闻业如今所面临的问题不仅仅是金融上的——而是结构上的。互联网使信息传播变得简单，却不能保证所传播的信息真实可信。互联网使得重写现有消息变得太过简单，因而减少了原创的作品。随着博客的出现，有时人们自己的臆想盖过了真实的报道。在所有类型的媒介中，流言常被当作事实在报道，实质有时让位于感觉。新闻话语在整体上变得更短、更浮浅。

尽管迈克和贝丝是两个不同时代的人，但对于新闻业的看法在实质上却是相同的。我们都把新闻看作教育的工具，而非刺激人神经的兴奋剂。我们都认为记者若要干得漂亮就要创新。我们都认为记者有责任告诉受众他们所需要知道的，而不仅仅是他们想知道的。我们都认为记者比过往更具一种特殊的使命，去帮助人们理解复杂而富有争议的各类事件。

这些说法对于任何有过记者或编辑经验的人来说可能不言而喻，但我们这套相对老派的新闻价值观在当今的环境下却值得拿出来强调。在本书中，我们将试着向年轻记者解释如何制作我们视之为伟大的新闻——既有戏剧的热度，又不乏信息的光亮。也就是说，我们试图说明如何做出不单富戏剧性，同时信息丰富、知识丰富，又具创新意义的新闻——正如我们自己在职业生涯中致力打造的新闻。

我们在此试图写出一本能向学生和年轻记者解释新闻这一行业的书，却又不是教科书。教科书虽具指导性，却很难让人坐定读下去。新闻行业眼下正需要一册能让年轻记者步上正轨的宣言，而我们希望这本书能担此重任。

我们希望这些书页里的故事、经验和思想能有助于激励年轻的记者们接过他们应该接过的火把——也教会他们所需的基本技能。我们不能说自己已经知道了有关这一行业的一切，也不能说我们自身一直都是完美的记者。但我们及我们身边朋友几十年来的工作经验的确能为大家带来一些好的故事，并提供有用的知识。

为什么写这本书？

新闻报道会要了你的命，但当你在这行工作时，它却又能养活你。

——霍勒斯·格里利（Horace Greeley），报纸编辑

这本书于2007年末诞生于纽约福特汉姆大学，当时贝丝在那里教授一门名为“电视新闻革新者”的课程。迈克就是其中一位革新者，他同意与贝丝的学生们谈谈，其中原因与他坐下来写作这本书的原因一致：他急切地想要在力所能及的范围内将自己丰富的经历和经验传授给下一代。

迈克和贝丝早在几年前同在CBS工作时就认识了。在去福特汉姆大学教书之前，贝丝于1999—2006年担任CBS新闻莫斯科分社社长，在此之前做了两年CBS驻莫斯科制作人。迈克和贝丝在莫斯科一起合作了两项报道，在此期间我们一起吃过饭说笑过，并且自此在所有有关俄罗斯的事情上都保持着联系。

许多贝丝的学生后来称迈克在福特汉姆的露面是令人敬畏的。简言之，他“迈克·华莱士”了他们——也就是说，他开始对他们提问，而不是由学生向他提问。当天，在说了一些问题之后，迈克开始走向学生并质询他们，问他们是如何看待电视新闻以及福特汉姆的教育的。“你们中有多少人是从网络上读新闻的?”他问，“你们中有多少人看CNN?”之后这些问题迅速上升到生与死的问题。“你死后会

去哪里？天堂是否存在？”迈克对前来听他上课的两百名学生问道，“还是我们就这样垮掉了？”这些问题对于当时已经89岁的迈克而言是切身相关的。一开始，学生们被问懵了，不知如何作答，但慢慢地，他们开口了。

贝丝意识到，那一天迈克触到了她的学生们的神经。而贝丝的几个同事也为迈克的话语所深深感动。当时的福特汉姆传播与媒体研究学院院长保罗·莱文森（Paul Levinson）在自己的博客“无穷倒退”（Infinite Regress）上赞扬了迈克此次的表现：“（华莱士）今天在福特汉姆最闪耀的时刻出现在他不懈地从客座讲师这一角色转向更为人所知的尖锐提问者角色的过程中，”莱文森写道，“这真是非凡。但又极恰当。假如一个记者，一个调查性报道记者无法成为公众的老师（有时是在最深刻的事情上），那又算得上什么记者呢。”这些评论让贝丝想到了该如何利用迈克及她自己与生俱来的教师才能，于是她提议他们一起写一本书。令她高兴的是，迈克也很喜欢这个主意。

于是，从2007年12月开始，我们（迈克和贝丝）定时在迈克位于曼哈顿的家里见面，讨论新闻工作的意义。贝丝列出了学生向她提出的约一百个最基本的问题，然后我们开始着手回答它们。有些问题非常笼统，比如“什么是优秀的新闻报道？”或“什么是客观性？”另一些则很具体：“当你走进一间房间做采访时，第一件事该做什么？”我们还看了迈克的一些报道寻找灵感。

迈克已经写了两卷本回忆录，皆与加里·保罗·盖茨（Gary Paul Gates）合著完成。一本是《深度接触》（*Close Encounters*；William Morrow，1987），另一本名为《在你我之间》（*Between You and Me*；Hyperion，2005），涵盖了他大部分的职业生涯。但这两本书并没有涉及新闻工作的本质，也没有回答迈克熟知的问题——比如说，怎样采访一个人，或者好的新闻与伟大的新闻区别在哪里。因此这本书与迈克之前的著作有所不同。这是他可以将自己非凡职业生涯传承下去的机会。

这本书触及了许多新闻工作背后的大问题，比如事实、客观性以及新闻伦理的意义。但我们同时还事无巨细地详述了该如何写一篇报道，包括寻找新闻选题、准备采访问题和如何写出好文章。考虑到迈克的背景，本书一个主要的焦点即是采访。此外，我们还探索了新闻业的未来。

你会发现我们在本书中大量举 CBS 新闻的人与事为例。这不是因为 CBS 是最好的电视台或者其新闻制作过程最佳，而是因为我们两个都是 CBS 新闻的产物，都受其行事和传统的影响。而其历史悠久的传统中有许多地方都是值得与年轻记者分享的。

全书七章内容将按这一顺序展开。第一章讲解了新闻学的本质问题，包括事实、客观性、新闻的定义以及为什么要成为记者。第二章着重如何为一次报道做准备，包括确定选题和选择采访对象。第三章讲解了采访的步骤。第四章重点讲述纸媒写作。第五章有关广播电视和网络报道。第六章详述伦理及媒体法律。第七章谈论新闻业的未来。此外，我们还在本书末尾收录了一份“记者工具箱”，读者可以在那里找到核对清单、推荐阅读、深入进修的活动以及一系列网络资源。

我们希望，《光与热》能成为新闻学学生和新闻爱好者都能阅读的书，并且能借此掌握这一领域的基本知识，受到触动和鼓舞，去制作真正意义上的新闻。

目录

第一章　杰出新闻工作的基本法则

记者的职责在于披露真相。新闻工作就是要回到事实本身，查阅文件，找出记录，并将之报道出来。

——诺姆·乔姆斯基（Noam Chomsky），教授兼作家

电视上曾播过这样一条美国军队的招募广告："这不仅仅是一份工作——这是一场冒险！"这句话大概也可以用来形容新闻这一行业。在我们看来，这就是天底下最好的工作。刺激有趣，又至关重要。"我想不到还有比这更有意思、更有意义的方式来度过此生了。"迈克曾这么说。"记者的一生，哦！那真是精彩绝伦。总是有人为你付学费，送你周游世界——假如你的确有才干的话。"

在本章中，我们就来谈谈为何从事记者这一职业是值得的，以及要当好一名记者，你必须具备怎样的性格和才能。我们还将说明哪些是身为记者必须擅长的基本事项，以及一些能够指引记者的基本原则。这些原则不仅指导了迈克与我，同时也是美国多数顶级主播和记者成长的基石。

新闻行业的福音书

新闻的最终目的是将事实与故事区分开来。“迈克总说我们是真相的追索者，的确如此。我们追索的是那些人们知胜于不知的真相，而他们自己或许还不知道。”罗伯特·安得森（Robert Anderson）这样说，他长期以来担任迈克的《60分钟》（*60 Minutes*）节目的制片人。“我们追索的是一些可能颇为重大的事件，因为越是重大，对我们的报道就越有利。”

正是那些坚持不懈、致力于披露此类重要事件的新闻机构支撑起了美国的新闻业。就拿《60分钟》来说，这个节目并不是一开播就大红大紫。节目刚开播时，总排名第86位。但它在之后无疑成了史上最成功的电视节目，三十多年来一直雄踞节目排行榜前十位。这档节目的成功秘诀不仅在于其报道的独家性——此处的报道别处找不到——还在于对各种复杂事件的究根问底。“这个节目之所以能拥有3 500万观众，是因为人们知道他们在这里看到的是经过严谨调研的事实。而这正是他们想要的。”迈克解释道。

但最重要的一点在于，新闻业本身就举足轻重。新闻工作者敦促政客保持诚实；他们曝光社会的种种不公，告知人们什么能提高他们的生活质量；他们让我们的社会维持自由。“一个充满活力的媒体、一个自由的媒体，是对独裁政治唯一最佳的制约。”这句话出自美国哥伦比亚广播公司（Columbia Broadcasting System，CBS）及美国全国广播公司（National Broadcasting Company，NBC）前通讯记者马文·卡尔布（Marvin Kalb），他同时还是哈佛荣誉教授。“媒体自由则社会自由。这就是新闻业至关重要的原因。”

假如没有记者，政府就会肆意浪费，腐败暗中滋生。没有记者，人们就无法获知重大的医学进步。没有记者，我们更不会知道谁需要帮助及如何帮助他们。一言以蔽之，记者让我们的世界变得更美好。

罗伯特·安得森说自己最引以为豪的报道是那些能揭露善恶的新闻。他所想到的其中一例是一则有关美国政府为其他国家艾滋病病毒携带者及患者提供药物的新闻。“这个为艾滋病病毒携带者及患者提供免费药物的项目，由乔治·布什（George Bush）发起，并在两党国会通过，最终保住了两百万至三百万人的生命（其中大部分在非洲）。多年来，大批非洲人民因患艾滋病纷纷死去，而美国民众甚至都不知道。”安德森解释说。他带着自己的团队到了乌干达，见到了那些通过这一项目而存活下来的人。“我们让世人了解到：这些人因我们提供的药物而活下来。我认为这是一则意义非凡的报道。”他说。

大部分记者都说，在决定成为记者的过程中一部分是出于责任感，这份责任感比在选择其他职业时要强。顶尖的记者对于他们所要做的事，胸中似有一把火。“这是一种召唤，真的。”迈克说。罗杰·马德（Roger Mudd），CBS 及 NBC 的资深通讯记者，在他最近的新书《这个地方》（*The Place to Be*，这本书讲述了 20 世纪 60—80 年代 CBS 华盛顿总部的辉煌史）里谈到自己的感受：“我们中的大部分人都觉得自己是被选中的。就好像被一个新闻之神举起，投到华盛顿总部，通过履行神赋予的任务来服务我们的国家。”马德如此写道。我们所知的如马德这样最优秀的记者都认为自己在挖掘真相的过程中起着极其重要的作用。“揭露罪恶，揭露不当，揭露一切不该发生的事，是我们的最高使命。我们希望借此为人们投下一束光，而这束光能清洁整个世界。”安得森说，“那是挺崇高的一项使命。如果你能揭露些什么从而让这世界变得更美好，这就与仅仅是涂满一页纸，或是打发一小时时间的性质完全不同。”

新闻业除了重要之外，同时还很“有趣”。我们觉得这一行业能与其他任何工作一样有趣。每天都能与各种有意思的人讨论世界上最令人注目的话题，还有什么能比这更好呢？如迈克这样的顶尖记者可以见到许多重量级人物：总统、作家和科学家。但他也采访过数以千计的平常人，这些人经历了一些或有趣或有新闻价值的事件。最让人印象深刻的并不总是名人，迈克这么认为。“是人民，是不同历史中不同的民族特性，在特定的领域内做成了特定的事。”比如，备受争议的安乐死倡导者杰克·凯渥肯医生（Dr. Jack Kevorkian），迈克分别在 1998 年和 2007 年采访过他，但他既不是当选的政客，也不是电视明星。他仅是一个因自身言行而成为公众人物的人——并且是个极富争议性的公众人物。因为帮助几个人施行自杀——这些人备受种种疾病的煎熬，他们中许多人长期忍受着苦痛——凯渥肯激起了一场有关协助式自杀的全民争论。凯渥肯的举动使整个国家陷入两极争议，最终亦导致他入狱。一些人称他为仁慈的天使，另一些则管他叫“死亡先生”。“我很敬重他。他有胆量做自己认为正确的事情。”迈克说，“并且他也知道他会因此卷入麻烦。”迈克之所以喜欢凯渥肯正是因为他的行为如此受到争议。“这就是一个记者希望找到的事，这样的事件受到众人质疑，因为它直击每个人的生活。”迈克解释道。

我们认识的大部分记者在其职业生涯中都有着令人称奇的经历，遇见过非凡的人物。曾获普利策奖的《洛杉矶时报》（*Los Angeles Times*）通讯员金·墨菲（Kim Murphy）回忆自己最喜欢的报道时，说脑中一时记起的并非是那些重大或最佳报道。“有一次在萨夫万（Safwan，一个伊拉克小城镇）的市长接待室采访市长……他是个复兴党支持者，对我们宣称萨达姆·侯赛因（Saddam Hussein）怎么怎么好，当时苍蝇不断在他的嘴上爬来爬去；另一次是在科威特，我被集束炸弹伤到，坐在一头垂死的骆驼旁；还有一次是在夜半时一头扎进高加索山脉，而身边的一群俄罗斯人喝得烂醉，喧闹不止，直到我看见慢慢升起的太阳越过高耸的高加索山顶，他们才消停。”她说，“这些是我作为一名记者而经历的人生历险中一些细微的时刻，我对这样的人生感到无比自豪。”

简言之，新闻这一行业可以把你带到世界各个角落——那些你从未想到会去的地方——并且让你接触到你本不会遇见的各色神奇人物。甚至，还会给你改善世界的机会。而我们因新闻行业带来的这种种机会而深感谦卑。

记者所应具备的性格

假如你前去发掘新闻故事时心中没有一丝忧虑，假如你坐下写报道时没有分毫得意忘形，那你一定是选错了行业。

——A. M. 罗森泰尔（A. M. Rosenthal），报纸编辑

采访在任何一流的新闻报道中都是重中之重。那意味着记者必须自如地与陌生人交谈，无论交谈的话题有多私密或困难。如果你生性腼腆，那你必须学着走出自己的保护壳，这样才能成为成功的记者。

记者还必须勤奋。新闻工作，尤其是电视报道，表面看来风光无限，实际上并非如此。人们在电视上的《60 分钟》节目里看到迈克在报道，却见不到他曾花费几小时，甚至是几百小时来做研究，安排并等待采访。其间花费的时间相当长，特别是在紧急情况下，记者很可能一连工作几天都不能合眼。要在竞争无比激烈的新闻业中真正脱颖而出，记者就必须比他们的同行更勤奋努力。《纽约时报》执行编辑吉尔·艾布拉姆逊（Jill Abramson）把她的成功归结于勤奋以及记者口中的“皮鞋”精神——孜孜不倦地追踪各种新闻。她记起自己曾爆出的一则新闻，有关比尔·克林顿竞选总统时别人给他的非法捐款。此事源于她得到的一份民主党全国委员会（DNC）的捐赠者名单。这是份公开的名单，每个记者都可以拿到，但似乎只有艾布拉姆逊花了时间来检阅。当她开始浏览名单时，发现了一些有意思的点。“我住在弗吉尼亚州阿灵顿南一个工薪阶层社区，与华盛顿那些权力

捐客的住地相去甚远。但我注意到 DNC 收到的一笔 5 万美元捐款来自于邻近我家的一个地址，而那里是个挺糟糕的社区。所以我就开车过去看看。”艾布拉姆逊回忆说，“结果那真的是个脏兮兮的小公寓楼。住那儿的人竟然会捐 5 万美元给 DNC，想想就觉得荒唐。于是接下来的两周，只要我可怜的女儿一有足球比赛，我就会去接她，让她坐在车里与我一起去这些遍布华盛顿的小社区——还有一些在马里兰。而我一再地发现生活条件非常一般的人家被列为 10 万美元或 7.5 万美元的捐赠者。看到我前去敲陌生人家的门，我女儿常感到很惊骇。我必须得跟她解释说那就是新闻业的工作。”

CBS 新闻之路（一个为 CBS 全美近 200 家附属新闻站提供新闻片段及报道的部门）执行编辑琳·嘉莉克（Lin Garlick）也以自身经历证明了踏破几双鞋的益处。她回忆起 2000 年报道约翰·麦凯恩（John McCain）竞选总统时的经历，当时她与菲尔·琼斯（Phil Jones）一起工作，后者是 CBS 最有经验的特派记者之一。“与菲尔一起报道麦凯恩时，我注意到一些特派记者，一些知名制片人，有时会待在下榻的酒店，上网看新闻发布会。但琼斯和我，我们这两个年龄加起来超过一百岁的老伙计会亲自去现场。”嘉莉克说。她觉得他们的勤奋有益于产出高质量的新闻，因为他们掌握了所有的背景资料，使得对候选人的报道可信。“菲尔·琼斯会站在那里，脸上一副揶揄的表情，敲敲笔记本，然后向麦凯恩摇摇笔，说：‘但你上星期还说……’”嘉莉克回忆道，“你光是待在家里看别人传送来的资料是不可能做到这样的。”

记者同样要勇敢，或至少要大胆。这一行业往往要求记者做一些情感上为难的事情，或在某种程度上置自己于危险中。那些报道战争和冲突的记者显然将自己置于极大的险境。就像迈克在 1979 年 12 月飞去德黑兰采访伊朗最高领导人阿亚图拉·鲁霍拉·霍梅尼（Ayatollah Ruhollah Khomeini）那次。当时，霍梅尼刚在那个中东国家发动了伊斯兰革命，推翻了伊朗国王，取得了政权。这次伊朗事件对美国有着直接影响：1979 年 11 月 3 日，一伙支持霍梅尼的激进学生挟持了 52 名美国外交人员，威胁他们的性命，此后更将他们囚禁长达一年多。能够采访到霍梅尼对于迈克来说是一个巨大的“收获”，因为那被视作对伊朗新面孔的第一瞥。但霍梅尼并非生来擅长面对电视镜头。这个教士如此保守，甚至在采访过程中都不看迈克一眼。说话时，霍梅尼的两眼盯着地板或望向前方无物的空间。

迈克因此问了一个必定会触动他的问题。他努力想了很久，该如何组织语言提出一个必能得到答案的问题，但听上去又不显得无礼。迈克引用了埃及总统安瓦尔·萨达特（Anwar Sadat）曾说过的话，萨达特与霍梅尼同是穆斯林，但却是被推翻的伊朗总统的好友。“伊玛目[①],”迈克开口了，“埃及总统萨达特说您的所作所为，引他的原话，是‘伊斯兰教的耻辱’。并且他把您称作，请原谅我伊玛目，这是他的话，不是我的——‘一个疯子’。”迈克抛出这一问题时手按在心脏的位置，似乎是在为提出这样一个尖锐的问题而请求宽恕。这句问话如此劲爆，霍梅尼的翻译起初不敢翻译。“这译员看着我，好像提出了这样的问题，我才是疯子。”迈克回忆道。在霍梅尼作答之前，迈克不得不向顾虑重重的翻译确认：“是的，我在美国电视节目上的确听到萨达特总统这么说。”这位阿亚图拉[②]不懂英文，但他也觉察出了此时出了些问题。“霍梅尼看见我和译员间发生了什么，并且也在暗自琢磨，如果这个问题最终翻译给他听了，他最终将如何作答。他开始回答了，说：‘萨达特’。”迈克回忆道。之后，霍梅尼沉默了

---

① Imam，阿拉伯语音译。意为领拜人，后引申为领袖等。本书脚注除特别说明，均为译者注。

② Ayatollah，意为安拉的显迹。这里即指霍梅尼。

几秒钟，渐渐理解了这个问题。最终，他说萨达特并不能被视作一个穆斯林，因为“他对伊斯兰的敌人妥协了”。这位阿亚图拉回答时始终面无表情，但迈克却最终达到了目的。

迈克哪来的胆量，竟敢放肆问这一问题？

“他们会对我做什么？把我抓起来当人质？”迈克大笑说，“你知道有些事。我是认真的。那真他妈能成为轰动新闻，不是吗？‘华莱士最终把自己给坑了’。”像许多其他记者一样，迈克觉得身为记者是有一些安全保障的，霍梅尼不太会因为回答一个难题而实行报复。尽管对迈克来说此言非虚，但霍梅尼对其他人却残酷而严厉。“采访他的时候，我还不知道霍梅尼将年轻人送去踩地雷，从而让自己的军队能在伊朗和伊拉克的战争中前进。”

迈克对于霍梅尼的访谈成了重大事件，而这个疯子般的问题也将被视作迈克漫长职业生涯中最劲爆的一个。已故的《60 分钟》传奇创始人唐·休伊特（Don Hewitt）称这次访问具有历史意义，并且是“电视上最伟大的时刻之一”。迈克则认为他的大胆或许就是他能成为一名成功记者的原因之一。“对于在谈话中插话说‘嘿，解释一下’，或者‘为什么’，以及‘因为什么呢？’或‘原谅我’‘得了吧！’这样的话，我不会有一丝一毫的犹疑。这些打断效果极佳，它们能让你的采访对象在猝不及防时做出解释。”他说。而这就是一名优秀的记者应当乐于做的事——不断追问，直到自己的问题开辟出新的方向。（我们将在之后采访的章节再详细讨论如何提出这类问题。）

优秀的记者总是持怀疑态度——尽管他们怀疑，却并不鄙夷嘲讽。CBS 高级副总裁琳达·梅森（Linda Mason）回忆起多年前报道的一则有关鸡蛋价格为何一路上涨的新闻。对她来说这不过是因为供不应求，直到她接到一通电话，有匿名人士称某组织正限制鸡蛋的供应量。她差点就无视了这通电话，但最终还是跟进了这条线索并爆出了新闻。“幸运的是我听从了另一个声音。”梅森回忆道，“最简单的方式并不一定总能带来准确的答案。有时候，更复杂的一面才是事实。”

最后，优秀的记者应当是谦卑的。我们见过有些记者因妄自尊大而丢了工作——他们对待同事粗鲁，或者太以自我为中心而做不好工作。最重要的是，记者绝不能让自己自负到对他们所报道的人所受到的苦难无动于衷。

应有的教育背景

优秀的记者还应了解世界的方方面面。记者，说到底，就是杂家，而不是专家。要变得博学，你不一定非得要去上一流大学，甚至不一定要上大学，尽管大学文凭在你与其他拥有学位的未来记者们竞争时的确有帮助。所以你要么就好好上学，要么就好好自学。你需要知道当下社会的各种事件，你需要了解公民学、历史和地理。你应该阅读一些西方文明中的伟大著作，也需要时时紧跟当代文化。你越了解这个世界，便越可能运用这些知识辨识出哪些可能会产生轰动的新闻。另外，任何新闻机构都会给潜在雇员做一个测试，其中就包括时政、近代历史及文学等各种问题。如果你通不过这个测试，你自然就不会被雇用。此外，你会发现你需要每天都去了解世界上发生了什么。博学多知是无法假装的。

这样说，不仅意味着掌握各种知识是重要的——同样重要的还有你“学习”的能力。记者常常需要迅速地成为他们所报道话题的专家。无论你多么博学多识，有时你还要快速地做深入研究。假如你要写一篇有关某明星演艺生涯的文章，你最好很快就找出她哪首单曲最红最热，最初她是怎么走红的，以及她是不是自己填词作曲。如果你要写某城市新出台的租房限制法令，你可能得急速地给自己恶补房产市场及房屋租赁方面的知识。如果你要报道某个金融诈骗犯，你最好多了解点会计实务类的知识，这样才能明白他做错了什么。我们认识的一个 CBS 特派记者，有一年写了近 170 篇报道，而且几乎是 170 个不同的话题。他的快速学习能力使他成为 CBS 最宝贵的人才之一。

学生们经常询问本科时学新闻或传播学是否会更有益，还是应该学些其他的，诸如历史、科学或政治学。我们认为主修新闻学是可以的，只要这是泛人文教育中的一部分。有些人可能会反对。“这真是浪费了一个好好的大学学位，”安德森这么说，“新闻学是在实践中学习的。别人可以教你写作，上一两门写作课我觉得也不错。但是主修所谓‘新闻学’真是太职业化了。这就好像主修汽车维修一样。”但还是有许多顶级记者是学新闻出身的——当然也有许多不是。

无论一个新闻学学位能带来多少益处，学生对于新闻业基本法则的掌握还是要从跨出校门的那刻才开始。实实在在的工作经验是学做新闻的最好方式。好好接受通识教育，再为自己找一份实习工作。寻找学习行业知识的机会，即使那意味着从最小处做起。我和迈克两人都没有机会念新闻专业，所以我们大多在工作中学习。实习是一个很好的开始。梅森是负责 CBS 实习生项目的，关于在实践中学习这一点，她说得很好：“当你从底层开始做起时，你犯的错误也只在底层。”

如今，新闻学学生要在这个竞争无比激烈的行业中脱颖而出，除了要有辩证的思维，更需具备科技技能。“从入门做起，学会怎样操作摄像机，怎样使用麦克风，怎样编辑，再就是怎样做调研。”迈克说。贝丝那些最好的学生，不论他们的志向是成为纸媒记者还是电视人才，都既会写报刊文章，又会写广播电视新闻，还会使用摄像机，会使用数码工具编辑电视新闻，以及设计网站。原因在于互联网汇集了各种媒介。在网络上，所有的传统媒介——纸质、广播、图片及视频——都融合为一。

看一眼精彩绝伦的《纽约时报》网站，你就能完全明白这种共融。网站上载录了所有报纸文章，但同时配以照片演示、博客、播客甚至是原创的视频内容。比如说，该报的影评人现在不仅写影评，还写视频稿并亲身出镜，而这些只有在《纽约时报》网站上才能看到。许多其他新闻机构的网站——不论是报纸、杂志、广播或是电视——都同样融合了各种媒介。这意味着一个年轻记者具备越强的制作适合各类媒介新闻的能力，他对一个新闻机构的价值就越高。“我愿意做任何事情——擦地、抹窗、扫厕所——所有能让你变得既灵活重要又吃香的事情。”约翰·吉达斯（John M. Geddes）开玩笑说，他与吉尔·艾布拉姆逊一起担任《纽约时报》的执行编辑。“如果写作的能力与生俱来，那就学习编辑的基本技能。如果你会设计平面刊物，那就学习如何制作网页。如果你会制作网页，那就学习怎样做研究来制作图表。尽管专才会被重视，但我相信在这个行业的转型时期，通才会很有市场。”诸如《纽约时报》这样的报纸有给专才的特别空间，因为它员工众多。但你所在媒体的规模越小，你所掌握的技术才能可能越有价值。

信息与戏剧

报纸的职责就是报道新闻，把世界搅得翻天覆地。

——威尔伯·F. 斯多里（Wilbur F. Storey），报业家

很显然，新闻存在的根本在于提供信息。“新闻”的意思就是发掘新东西。但相比从前，如今的新闻更注重轰动效应。迈克认为轰动效应惹上了一些恶名。“‘轰动’一词本身并无不妥，”他说，“‘轰动’就是那种会让人说‘嘿，我可不知道那个’的事物。”虽说如此，记者还是希望他们的报道能有教育意义，而不只是给读者带来刺激。寻求刺激佐料以吸引读者与走出去获得新信息，这两者该如何平衡呢？

本书取名“光与热”的原因即在于此。迈克经常用这组词来形容好新闻所需具备的一切。用“热”这个词，是因为他认为一则报道需要情感上的拉动力——那种能吸引人进入故事的冲突与戏剧性。用“光”这个词，意味着还需要信息——即一则好新闻所带来的新知识。“光就是真相，热就是戏剧性——正是这两者使得人们一晚接一晚地收看同一个新闻节目。”迈克解释道。光与热一起为坚实的新闻打下基础。缺少任何一项都不够理想。

迈克在思考他个人标志性的采访风格——“伏击”时，想到了这个光与热的理论。当一个受访者拒绝一切采访要求，而记者则试图找到他，无论如何都要做成采访时，就会发生伏击式采访。通常，记者将话筒直接送到受访者面前开始发问。在做伏击式采访时，迈克和他

的制片人及相关员工会对某一采访对象暗中盯梢，直到他出现。这个人当时可能正走进办公楼或餐馆，或者正要出席某个会议，迈克便在此时突袭受访者。

迈克最早开始做伏击式采访时很轰动，并且他认为这样的采访能将观众带到他这边。然而后来迈克开始反感这个方法，因为此种采访带来的戏剧性并不足以让伏击的行为变得有价值。“当你开始用这种方式做时，很明显，你追求的是戏剧性，是热而非光，这就很清楚了。我不是在找光，而这热也是策划出来的。”他说。

这就是为什么迈克最终不再做伏击式采访的原因，除却在极少数的情况下。当迈克确实要这么做的时候，他首先会与《60 分钟》创始人及执行制片人唐·休伊特商量，确保这一方法的确有助于他们达成目标。“休伊特和我会自问，我们要的是什么？我们要的是光还是热？有关热的一系列工作是很吸引人的，”迈克解释道，“这里边的确有一定的戏剧性，但那些很快会被消耗完。”

有什么能证明这一做法越来越行不通呢？尽管我们都很尊重杰拉尔多·瑞弗拉（Geraldo Rivera），但我们认为他早期的作品都太过倾向于热而忽视了光，这一做法大错特错。瑞弗拉是在迈克之后才开始做伏击式采访的，但迈克觉得他做的频率太高，并且着重热甚于光。“看到记者在街上追着跑着去做采访会降低他的可信度。没什么是值得这样做的。没有。”迈克说。如果你一早的确尝试过邀请对方做访谈，并且你的确需要和这个你将要伏击的人好好谈谈，那么这种做法还说得过去，但这样的访问方式永远应该是最后才被拿出来使用的。

尽管迈克是在思考伏击式采访时才想到光与热的问题，但这一想法却普遍适用于各种新闻报道。每一位优秀的记者都应当致力于以自己的报道为人们带来光亮。热作为光的补充时才是好的，因为戏剧性或冲突能够使一篇文章的光照得更深、更亮。既有光又有热的文章可能使人们读得更加仔细，或从头读至尾，增加他们对新信息的吸收量。两者一起也更能吸引观众或读者。我们希望本书中的建议能够有助于培养那些既能创造光也能创造热的记者——希望他们的作品在披露重大事件的同时，亦充满激情，饱含悲悯。

何谓客观？

记者这一角色不可或缺。尽管时不时受到谩骂，但当他们追寻真相并最终取得可喜成果时仍然会受到极大的尊敬。

——海伦·托马斯（Helen Thomas），记者兼作者

我们在职业生涯中一直扮演着作者的角色，但又一直被教导作为记者还应当客观公正。这意味着记者必须克制他们的个人情感，不偏不倚、不带偏见地报道新闻，一切以事实为依据。当然，这很困难，因为人都有自己的情感和观点。但经验最老到的记者通过不断训练，在工作时能够暂时抑制住这些情感，或至少将它们压到心底。迈克认为这是成功的关键，并举了美国最具影响力的三位电视主持人的例子，“彼得·詹宁斯（Peter Jennings）会与新闻保持一臂之遥。换句话说，他并不置身于新闻中。他对这则新闻的观点不是报道的一部分。汤姆·布洛克（Tom Brokaw）也是如此。他们两个都与新闻保持一定的距离。我曾对丹·拉瑟（Dan Rather）十分崇敬，但他却深陷新闻之中。他的反应成了新闻的一部分，这一点最终使他走了下坡。”有些主持人会在报道前后插入个人观点，称某些“好”、某些“不好”，我们并不支持这种做法。我们认为主持人或记者根本就不该发表他们的意见。他们可以通过自己的经验对事件做出分析，但不能把他们的个人观点讲出来。

客观同样也是纸媒报道的根本。“当你拿起报纸，看到‘一切适

于刊印的新闻’这句话时，你明白这些制作刊发《纽约时报》的人对此十分上心，他们态度认真，将新闻和评论区分开来，”迈克解释道，“在新闻版面真的很少看到观点。而且还有专栏版①呢。”他指的是多数报纸上与社论版对开的那一版，那里一般刊登评论性文章。但美国公众持续对媒体的客观程度给出低评分——尤其是对报纸。这令我们十分失望，因为大部分新闻机构，尤其是报纸媒体，是真的每天都在努力保持客观。

已故的伟大电视主持人沃尔特·克朗凯特（Walter Cronkite）便是报道客观新闻的典范，他曾于 20 世纪 50 年代至 1981 年间在 CBS 任职。克朗凯特是他那代人中最举足轻重的记者之一，他使得美国人逐渐开始理解越战、登月以及水门事件等。在美国最受信赖人员的评选中，克朗凯特的名字一直出现。为什么呢？他直述新闻，仅给出事实而不让任何个人意见掺和进来。“为什么克朗凯特被称为美国最受信赖的人？”迈克问道，“因为他是一个严肃的报道者。他尊重他的观众。”克朗凯特的成功建立在他对客观公正的不懈追求上。他试图给观众最原初的材料，让他们自己形成对全球时事的观点。他告诉他们要思考的内容，而非怎样思考。

但关于记者到底应该秉持中立还是开口倡议的问题几乎可以追溯到电视新闻之始。曾在 1938—1961 年间于 CBS 任职的爱德华·R. 默罗（Edward R. Murrow）无疑是现代美国最伟大的记者。默罗并不是科班出身的记者。他学的是戏剧。但他生来就是讲故事的高手，是个绝佳的作者，也是令人肃然起敬的播音员，嗓音浑厚，掷地有声。每个新闻专业的学生都应该听听默罗当年在伦敦为 CBS 报道“二战”新闻时在屋顶发回的现场播报。默罗不仅写作极具原创力，他的广播和

① op-ed page，即 opposite the editorials，与社论版持对立立场。

电视报道同样叫人入迷。“他很特别。我认为再也没有像他这样的人了。”卡尔布说，他曾由默罗招入 CBS，并在那里与他共事过一段时间。

默罗同时是个有道德原则的人，对整个世界也充满关怀。当人或事没有达到他的期望时，他常常义愤填膺。在默罗的新闻报道中，他不仅会解释发生了什么，还会加上自己的看法。他的报道风格放到如今可能会被贴上“鼓吹性报道”的标签，但默罗认为记者的角色不单在于报道当下发生的事情，还应当加上自己的专业分析。“我有理由相信（而你们也是），一则备受争议的事件，当其证据被公正冷静地呈现时，公众会辨别出那是什么，这一举动是在阐明而非煽动。”默罗曾于 1958 年如是说。

尽管默罗是他那个时代最著名的记者，但他拒绝让自己的观点退出报道的做法最终导致了他的没落。CBS 的头领，广播新闻先驱威廉·S. 佩利（William S. Paley）憎恶争论，或至少是憎恶由争论引起的财务后果。虽然他与默罗是多年的老友，但他俩曾为默罗夹带个人观点的报道大吵特吵过。身为老板的佩利赢过了默罗，使后者退居 CBS 边缘，并最终离开了电视业。“我认为这个行业当时已经开始改变了，但默罗没有跟着改变，”卡尔布解释说，“那时靠电视业赚取大把钞票，通过广播电视网赚取千万、上亿美元的想法刚刚冒出头。我觉得佩利不想让任何其他的东西搅乱了这事。”默罗不会也不能接受限制他播报新闻的做法。

所以自沃尔特·克朗凯特开始，CBS 后一代的新闻人追随的是佩利所倡导的客观报道风格。这些人中也包括了迈克。“在 CBS，如果你让自己的观点渗入报道里，危害到的是你自己。”迈克回忆道，“有时，当我个人的观点潜入我报道的新闻里时，就会有编辑对我说：‘嘿，迈克，我们是客观的。’我立刻就受到了训斥。‘迈克，你是在为 CBS 说话。' 这意味着比尔·佩利（Bill Paley）雇的那些确保我们保持客观的人能对我们提出质疑。”客观至今仍是 CBS 报道新闻时的重中之重。“大部分记者都有些年纪了，我们都有自己的观点，但身为记者，我们应该撇开这些观点，捋顺一则新闻使其自然展开——我们不能在任何方面夹杂自己的感受。”琳达·梅森解释道，“如果观众觉得一个 CBS 员工在某件事上偏向一方，他们就会认为 CBS 在某种程度上是不公正的。”

但要时时保持客观困难异常，尤其当一个话题能激起强烈的感情动荡时。CBS 电视主播罗斯·米切尔（Russ Mitchell）在其职业生涯早期曾被派去报道三 K 党事件，米切尔是非裔美国人，而三 K 党对黑人持公然的敌对态度。“他们那天派遣了手头唯一可用的主持人，也就是我，去一个三 K 党的集会。那挺有意思的。”米切尔笑着说，“显然我和三 K 党之间有些不妥。”但他记得自己就所发生的事情尽力地写了一篇客观持正的报道，引用了该党支持者和反对者两方的话语。“一旦你要在电视上播报，一旦你要报道出来，你就有义务做到公正。”他解释道。同样，要在危机和灾难报道中保持客观也几乎是不可能的。比如，2010 年海地地震后，许多记者公开同情那些受灾人士，对救援行动的迟缓表示沮丧。

网络时代又为客观两字加上了新的维度——记者不仅要注意他们在报道中说了什么，还要注意他们在自己的个人博客、网站或如脸书（Facebook）及聚友网（MySpace）之类的社交网站中说了什么。“在最近的那次总统大选中，我们的一些年轻记者在他们的脸书上写道，在一个非常关注奥巴马的新闻编辑室里工作让他们感到无比激动，或者他们很喜欢麦凯恩。但这样做是不对的。”梅森说，“任何为 CBS 工作的人，都不可以透露公司的员工喜欢谁，因为他们应该同时为两边做报道。”CBS 新闻现在提醒他们的员工要对自己在社交网络上写下的字句格外小心，并把公司现有的职业道德准则扩展到他们在脸书、聚友、推特（Twitter）以及其他网站发表的帖子上。

一些新闻机构已经发布书面规定，限制他们的记者在社交网站上的言论。《纽约时报》便在2009年发布了此类指南，称尽管这些网站“对报道新闻极为有用”，但使用起来还是要格外小心。“个人博客及推特与一篇800字的短文一样代表了你自己。”《纽约时报》行为准则里这样写道，“如果你已经拥有或正在申请一个脸书账号，那么把询问你政治观点的那一栏空着，根据《纽约时报》的《新闻伦理指南》，禁止一切可能会招致读者对自己或对《纽约时报》政治立场的公正性产生怀疑的言行。”美联社的指南也大致相同，其目的在于“保持美联社公正不倚的声誉，这份声誉是160多年来我们最宝贵的资产之一。这些指南并没有独辟蹊径，它们与我们美联社《新闻价值准则》中的内容是一致的。他们只是将社交网络这一新兴事物考虑了进去。”科学技术可能改变了，但新闻客观性的本质仍是不变的。

我们还需要客观吗？

我认为完全的客观是不切实际的，但公正却可以做到。

——迈克尔·波兰（Michael Pollan），记者、作者及教授

自默罗之后，美国仍有许多记者放弃了新闻报道中的客观性。在20世纪六七十年代，诸如报刊记者亨特·S. 汤普森（Hunter S. Thompson）及电视新闻播报员大卫·布瑞克里（David Brinkley）都会明确表明自己的看法。如今，许多记者的优秀报道都混杂了分析和观点。看看《滚石》杂志和《纽约客》杂志，你便会发现带有观点的报道可以很精彩。事实上，客观性报道和鼓吹性报道都是行得通的。我们应该信任新闻消费者，他们会选择自己最喜欢的报道方式。

然而，电视新闻行业的转变加上互联网产生的影响，使得我们面临着这样的危险：可能会被拽入一个由观念支配客观的世界。在网络上，尽管人们针对某问题的讨论不再有新事实的加入，他们却仍然有想法要分享。而在电视方面，一些公司发现做观点类节目要比老派的客观报道更简单，成本也更低，还更赚钱。其中包括福克斯新闻频道（Fox News Channel），它是第一个将政治议程带到前线的电视网。同样还有微软全国广播公司节目（MSNBC），之前一直在找寻自己的市场定位，直到最后将节目设定为观点类。这些电视网络的成功，开始让许多人重新思考客观报道的需求。

有时候，当看到一些电视频道偏离客观报道实在太远时，我们会

感到震惊和失望。我们见到那些主播陶醉于他们自己的声音，花费太多时间阐述自己的意见而非播报新闻。其中劣迹最甚的就是美国有线电视新闻网（Cable News Network，CNN）前主播路·杜布斯（Lou Dobbs）。尽管杜布斯从业已久，职业生涯颇为传奇，也主持过一档非常成功的夜间商业节目，但迈克却认为他更像是在竞选总统而非播报新闻。“我心里想的是，路，你听上去就像是个十足的傻瓜。”迈克说。

杜布斯近期在工作上最大的问题就是他这电视节目主持人太把自己当回事了，把太多个人的观点带入了报道中，并且太过于站在平民阵营这边。CNN 的杜布斯节目最让我们恼火的时刻是看着他在电视上读自己粉丝的来信，好像是为了强调他和他的观众对整个世界的看法是完全一致的。“看着他就会明白这是一种宗教膜拜。而他就是那个宗教领袖。”迈克说。杜布斯自己也承认，他的节目《杜布斯之夜》（*Lou Dobbs Tonight*）并不遵循新闻业的金科玉律。“它与你在电视上看到的任何其他节目都不同，这是经过精心策划的，”杜布斯告诉《纽约客》记者，“你在我们的节目中看不到‘公平持正的新闻’。看不到‘客观报道’。真相并不是‘公平持正’的。”尽管招来种种批评，杜布斯的成功却无可否认。他在 CNN 的节目牢牢抓住了一大批观众。实际上，他的许多观众打开 CNN 的节目正是为了听一听他对一些事情会怎么说。

如杜布斯这样的主持人依旧在电视行业待着，而包括福克斯新闻和 MSNBC 在内的观点类有线电视新闻同样如此，这是因为确实有一些美国人很爱看这样的观点性节目。但此类节目并不是每个人都喜欢。“观点廉价又容易。而报道却耗财耗力。”尼尔·希基（Neil Hickey）说，他是一位资深记者，如今在哥伦比亚新闻研究生院任教。“黄金时段的有线新闻频道除了观点还是观点。而且观点贩子常扯着嗓门叫喊。但我宁愿他们只告诉我发生了什么，我可以自己思考。”

我们觉得福克斯新闻频道特别有意思，因为它开创了一种新的电视新闻播报方式。福克斯新闻把自己称作客观的新闻频道——事实上，它主要的口号就是“公正而平衡”，以及“我们报道，你来决定”。但学者和传媒集团对福克斯新闻做了分析后发现它明显倾向于保守派，即共和党的立场，而非如它所称公正平衡、两党兼顾。同样，该频道最红的明星比尔·欧瑞里（Bill O'Reilly）声称他的节目是“自由旋转”地带，但那并不是真的。“我觉得他以错误的方式呈现了自己，就像有评论者认为福克斯新闻的自我呈现方式也是错误的，因为旋转的动作并没有在他那里停止，”贝丝说，“事实上，这种旋转反而在他那里加强了。或许其他人的旋转在那里停止了，但他自己的却开始了。”欧瑞里的行为极为典型，恰好显示了光与热之间的区别。“如果你因为不喜欢采访嘉宾所说的话而对他们大喊大叫，让他们闭嘴，切断他们的麦克风，那么你就从光走到了热。你已经离开了新闻的领域。”贝丝坚持道。“这是毫无疑问的。但这却让他成了百万富翁。”迈克回应道。实际上，欧瑞里是如此举足轻重，所以当迈克在《60分钟》做他的人物特辑时，这一采访被作为2004－05季的开场集。

福克斯新闻长期在黄金时段有线新闻收视排行榜中夺冠，甚至打败了有线新闻的鼻祖CNN。之所以能这样，就在于它把观点置于首要的中心位置，尽管如MSNBC一样，福克斯也直接报道新闻。福克斯同时还拥有一支明星云集的团队，其中就包括迈克的儿子克里斯·华莱士（Chris Wallace），他在NBC和美国广播公司（American Broadcasting Corporation，ABC）结束了卓越的记者工作后，于2003年开始在福克斯新闻工作。他的理由是福克斯既能做客观报道又能做观点类节目，并且观众能分出两者的差别。他认为没有人会把福克斯黄金时段的节目，比如由比尔·欧瑞里、肖恩·哈尼蒂（Sean Hannity）和格林·贝克（Glenn Beck）主持的节目看作新闻。“因为那不是，那是评论。而且我认为那没什么不好的。你知道，一张报纸有专栏版，而那也正是电视观众在黄金时段想要的，”克里斯说，“但如果你特别关注下福克斯新闻在白天而非晚间时段内的节目，你会发现那些都是直接报道的新闻。”他认为福克斯在硬新闻以及他自己的节目《福克斯周日新闻》（*Fox News Sunday*）中都采取了直接报道的方式。福克斯的方式为其带来巨大盈利的同时赢得了一批忠实的观众。2010 年的一次全民调查显示，福克斯是美国最受信任的电视新闻台。

我们并不在意电视里有观点类节目播放——就让自由市场决定这些节目是否真能赢得观众。但我们想要的是实事求是。如果福克斯的宣传语是“美国保守派电视新闻网”，如果 MSNBC 公开承认自己为“美国自由派电视新闻网”，而非他们现在所宣称的那样，我们或许对他们要欣赏得多。事实上，美国自由派人士对于福克斯使用“公正而平衡”这个标语感到异常愤慨，甚至向联邦贸易委员会（Federal Trade Commission）和美国专利及商标办公室（U. S. Patent and Trademark Office）投诉，想要制止福克斯继续使用它，但最终没有成功。

如今进入这个行业的人需要理解福克斯新闻的成功，因为它不仅对有线新闻，甚至对整个广播电视行业都有巨大的影响。如今强势的节目主持人远远多过以前，也有更多的记者和主持人在电视上以老友似的轻松随意的方式交谈，就像福克斯那样的风格。而所有电视新闻节目中，屏幕下的滚动新闻也比以往任何时候更多，并且带着美国国旗的标识随处可见。这些都可以追溯到福克斯新闻的成功。

这样的电视新闻网会一直存在，而有线新闻中泛滥的观点给年轻记者带来一个问题。“对我那些收看福克斯新闻的年轻学生们说要做到客观显然不容易，”贝丝解释道，“他们会说，‘什么叫我们需要客观？看看比尔·欧瑞里。看看福克斯新闻。他们并不客观，所以我们也不再需要客观。’”

底线是，你要先成为比尔·欧瑞里，才可以主观起来。但如果你才刚起步，除非你是在观点类新闻节目工作，否则你就应该遵从传统的客观报道规则。对于现今大部分的新闻出版物来说，这仍是获得公众信任的最佳途径。我们尚未形成这样一种新闻行业模式：刚刚起步的新人从一开始就可以主观。

并且要记住，即便是主观的电视明星也是先掌握了如何做客观报道的。就拿欧瑞里来说，此前多年他在多个地方和国家广播电视台精进自己作为主持人和记者的才能，之后才在福克斯成为权威人士。亨特·汤普森在写出《地狱天使》（*Hell's Angels*）一书前有近十年的时间都在报刊写作这一槽沟里默默耕耘。这就像是艺术一样——即便是毕加索，也花了许多年去掌握古典绘画风格，完善技艺，最终才能试验诸如立体派这样的先锋手法。在新闻行业，犹如从事艺术创作一样，只有在完全掌握了基本技能之后你才能创新。

公正和平衡

做一份诚挚而负责的刊物；以其真实和诚信、敢言和独立赢得声望。

——乔瑟夫·米狄尔（Joseph Medill）

报业家、芝加哥市市长

另一件记者一定要做到的事就是公正——对他们采访的人公正，对他们报道的主题公正。简单说来，如果对一件事不带偏见，诚实、不偏袒，就是做到了公正。大部分记者都有各自的方法来确保自己做到公正。对负责 CBS 新闻标准的琳达·梅森来说，公正即是“你努力从两方面报道了一件事。”美国联合通讯社（Associated Press，即美联社）体育新闻记者罗恩·布鲁姆（Ron Blum）说公平意味着持正不偏私——而这也是他最关心的地方。“你是不是在这篇报道的各个方面都做到了公正？如果你在一篇报道中以负面的形象出现，你有没有一个澄清的机会？”他问道。“我想说我对待每个在报道中出现的人物都是公正的。棒球协会专员布德·塞利格（Bud Selig）有时可能会对着我大喊大叫，批评我写的东西。但我相信事情过去，当他情绪平复后，他会说我是公正的。”对《60 分钟》记者斯科特·佩利（Scott Pelley）而言，公正等于诚实。“你自己知道自己是不是做到了诚实。我们现在正在讨论的其实就事关这一点，”他说，“我认为一名记者应该像一位科学家，不要在乎答案是什么——只要确保你得到的是正确答案，这一点至关重要。那个时候你自己就会明白你对人做到了公正诚实。”公正与客观性相关，但它与最后的产物而不是过程有关。即便你没能完全将你的个人情感放在一边，做到彻底的客观，但你仍然可以写一篇公正的报道。

公正需要勤奋地报道，从各个方面叙述一件事。“不到我尽全力解开了所有悬而未决的疑问，我绝不会坐下来写文章，”金·墨菲说，“这意味着，在有争议的事件中，要找到所有与此事有关的人士，听听他们怎么说。你从一个人那里听到了对某件事的讲述，后来与另一个人谈的时候发现他用了完全不同的方式叙述这件事，这种情况总令人感到惊奇。”记者通常要努力做到公正，但如果他们做不到准确与平衡，则往往很难做到公正。“我记得我在俄罗斯那会儿，正在写一篇关于某个政党的文章，”贝丝回忆道，“我去了一个政界朋友那儿请教，听他分析，但他很厌恶这个党派。现在回过头想想，我意识到自己潜移默化就被他的偏见影响了，并将之带到了文章中。”当记者对所报道的主题不太熟悉时，便很容易掉入这样的陷阱。

做到公正很重要的一点就是准确引述受访者的原话。公正要求你绝不歪曲别人的话，使之偏离说话者的原意。受访者的话若被你从上下文中抽出就很容易被曲解：比如将某个回答和并非引发这一回答的另一个问题凑在一起，或者编辑别人的回答而改变了原来的意思。诸如《60 分钟》这样的节目有能力聘用专职人员专门检查并确保访问中的引语都是准确公正的。“我们有个员工的工作就是检查每一次采访，查看你用了什么引语，并确保你用的这些代表了受访者的愿意，是他们的原话，也符合上下文，”罗伯特·安得森解释道，“这就像是一种后台支持，并且十分有益。但其实记者很少需要那种支持，因为我们知道我们在干什么。我们本身就想要做到公正。”不过，能聘用专职检查人员的新闻机构毕竟是少数，这意味着记者需要自律，在报道中有意地将公正放在首要位置。

尽管如此，但即便是最优秀的记者都可能被控做得不公。迈克曾被威廉·韦斯特摩兰（William Westmoreland）将军起诉，指责他报道不公。后者是越战中的美国将领。1982 年，CBS 一部名为《无尽的敌人》（*The Uncounted Enemy*）的纪录片声称韦斯特摩兰和他的部下故意少报近一半北越士兵人数，以使美国继续参战。接到韦斯特摩兰的投诉后，CBS 新闻展开了内部调查，结果显示迈克和他的团队的确违反了一些电视新闻的信息采集准则。比如，一些不同的问题被不公正地串联到了一起，并且访问的拍摄方式使得这个将军看起来紧张而不可信。韦斯特摩兰要求赔偿 1.2 亿美元，尽管在诉讼过程中他最终撤诉了，迈克的声誉却因此事大跌。这说明，尽管一流的记者尽力想要做得公正，并且有编辑帮助他们把关，但出来的报道有时仍会带有偏见。

在追逐公正时，记者最好的帮手就是一个出色的编辑或制作人在背后指正。编辑要做的远远不止修改文字。他们同时还帮助记者远离麻烦，确保他们遵守了法律，符合了道德标准。他们要确保报道的背景合适，并且符合上下文。他们帮助记者出点子、想出话题和可采访的人物。

“我们都需要编辑，”迈克说，“如果你认真对待新闻，你就需要一个编辑。”迈克将他在《60 分钟》的成功大半归功于该节目已故的创始人和总制片人唐·休伊特。他手法稳健，并且有种能将各色不同的元素和谐地整合成一体的魔力。但这并不意味着他们对所有事情的看法总是一致的。“休伊特和我可以争论到你死我活。我绝对没有夸张。在我们讨论一则新闻的时候，他有时会怒火冲天地冲出编辑室或者工作室——真的很激烈，”他回忆道，“这也是在这里工作的乐趣之一，因为你们在为同一篇报道工作。而与谁是主管无关。”并且这与个人间的关系毫不相干。迈克说他和休伊特吵架后，两人从不曾对对方心怀怨恨。一切都是为了最后的作品。

克里斯·华莱士认为一个好的编辑或制作人最终能让记者看起来更明智。“我常说写每一篇报道都要做一千个决定——你要约谁采访，你要问什么问题，你要怎么组织材料、怎么删改、配什么图片，”他解释道，“并且，通常你的编辑——或在此例中是你的节目监制——看见你的报道时，950个决定已经被做出了。我认为这个时候，如果能有一双稍稍从事件中抽离出来的眼睛，能有一个不像你那样掌握了所有背景的人来帮你完成这最后50个决定，是极其重要的。对你说一句：‘老兄，这还不够清楚’或‘这不公平’或‘我还不是很明白’，或者‘我觉得这真有点儿偏离主题，有点累赘了’。或者‘老兄，我们得在这部分砍掉一点，而这里是我觉得应该砍掉的’。”

需要特别注意的是：一直保持公正准确需要勤奋和警惕，不论是记者还是他们的编辑。

第二章　问题：确认选题及调研的艺术

坏消息踏着木屐响彻四处，好消息穿着长袜蹑足而行。

——威尔士俗语

对于纽约许多惯于早起的人而言，詹姆斯·福特（James Ford）的面孔是他们再熟悉不过的了。作为《WPIX 晨间新闻》（*WPIX Morning News*）的主播，他每天都会出现在第 11 频道播报重大新闻。在他那档时长四个半小时的节目的播放期间，大约每隔 30 分钟福特便会在荧幕上出现一次。就广播电视新闻而言，四个半小时的节目是相当长的，不过福特和他的同事们每天早上都能将这一时段填满，但他们的人手其实不过寥寥几个——而全美国各地上百家其他当地新闻台的情况同样如此。他曾说自己的团队尤其幸运，因为在纽约总有有趣的事情可以报道。“我们问自己，‘今天的新闻是什么?’，这是与我们的观众最息息相关也最具趣味的事件，我们以此为标准决定节目的内容，”福特说，“因此并不总是爆炸性新闻。有时我们节目的重头新闻是政治类的，有时是有关交通、天气，甚或偶然会是体育新闻。”是否拥有挑选独一无二又别具趣味的新闻的能力会决定你的成败。

这一章将着重说明制作新闻的“前奏”部分——辨识新闻，思考选题、调研和准备。这些都是关键的技能。如果你的“前奏”技能薄弱，就很难进入新闻制作的“过程”中。好的准备工作对做出杰出的新闻极有帮助。你最后作品的优劣取决于你一开始收集的原材料——而为新闻做准备时步骤安排得越好，就越能得到高质的原材料。

决定什么是有新闻价值的

一则新闻不仅仅是一桩发生过的事情，而且是重要、重大且新鲜的事件。经验丰富的记者训练有素，具备极强的新闻辨识能力。“我的直觉会告诉我这是什么，而这种直觉来自于多年的职业经验。”CBS卫星新闻（CBS Newspath）的执行编辑琳·嘉莉克告诉我们。但即便你还没有多年经验，你也可以学着分辨什么事件才有新闻价值。

《60分钟》获奖特派记者斯科特·佩利在选择新闻话题时的一套标准是我们所见最详尽的之一。“我有一套五层过滤体系，在最初选择话题时帮助我检验哪些是值得考虑的，”佩利解释道，“这一事件重要吗——这件事是不是会成为电视头条？这件事对我们的观众来讲是否真的有意义——真的了不得吗？我们是在揭露不公正的现象吗——其中是否糅杂了血汗或泪水？这是有关人类奋斗的伟大事迹吗？这是会给电视台带来荣誉和名望的新闻吗？一则新闻并不需要符合以上每一条，但假如符合了其中三条，便已能成为精彩的新闻了。”如果你看过佩利的报道——假如你不熟悉他的作品，我们极力推荐你看一些——很容易便能发现他的报道是如何体现出以上几点的。

并且，佩利认为任何有抱负的年轻记者都可以用这五条来筛选新闻。“我在拉斯维加斯一所大医院报道的新闻正好符合全部五条标准。这家医院当时正打算关掉专为贫穷人士开设的肿瘤门诊，原因是经济危机造成该州经济预算不足，政府因此开始减缩这些重要开支。所以你看到贫困的肿瘤病人被告知：‘对不起，你现在没有地方可去。你可以搬出这个州，你可以死掉，但你眼下可做的选择基本上就是这样了。’要获得这样的新闻，你根本不必跑去达富尔。事实上，当你在自己国家遇上这样的事，你的同胞正经历经济萧条带来的痛苦时，这样的新闻会更有冲击力。所以你所报道的事不一定非得稀奇古怪，或者说不稀奇古怪反而更好。”新闻要与它的受众间有所关联。在波伊西（美国爱达荷州首府及最大城市）一家电台播出的新闻或许并不适合在迈阿密的一家月刊刊出。不过新闻最基本的元素：新颖和重要，这两点一定要兼备。

新闻分为两类：硬新闻和软新闻。硬新闻指那些即时发生，值得人们注意的事。包括全球性的重大事件、政府出台的新项目或者医学上的重大突破，等等。软新闻指没有特定时效的事件，通常着重于眼下的风潮。软新闻亦被称为“特写”新闻。硬新闻与当下的事件相关，软新闻却通常可以放上一天、一周或者一个月也不会失去本身的价值。譬如，伊朗官员试图在选举中作假，这属于硬新闻；在伊朗，越来越多妇女进行鼻部整容，因为在她们应政府要求包裹头巾后，鼻部成为整张脸最显眼的部分。这就是软新闻。

通常，新闻人会寻找新闻由头，使得软新闻有即时的新闻价值。而新闻由头往往是些与软新闻有关的硬新闻事件，用以加强相关软新闻的重要性。假设 ABC 广播公司准备了一则有关当今越来越多男士整容的新闻。这样的故事放在任一天报道都可以。但如果美国医学会（American Medical Association）发布了一则消息称政治选举中发展最快的领域是男性整容现象，那么 ABC 的制作人可能会说：“嘿，我们正好可以利用这个新闻由头来做那则有关整容的新闻。”

无论一则新闻是硬是软，编辑和记者通常在决定报道什么时要考虑六个因素。其中许多都取决于媒体的类型、媒体所在的地域以及新闻的受众。

1. 相关性

事件离你的受众有多近？记者会因为一则新闻发生在受众身边而报道。一家当地报纸可能由于州长正好在城中而报道她，或者因为一个摇滚乐队就要开演而报道他们。相关性很重要，尤其是对当地新闻机构而言，但也不见得是最重要的。诸如网站等一些媒体，不一定要考虑相关性，因为它们的受众遍布全美国，甚至全世界。而即便是当地报纸，也会时不时报道国际新闻。

2. 影响力

能对某份新闻出版物的受众产生影响的事件往往值得报道。而产生的影响越直接，这则新闻出现在荧幕或被刊出的概率就越大。比如说，收看电视晚间新闻的观众平均年龄约为 65 岁，因此新闻制作人往往挑选可能令年纪大点的观众感兴趣的新闻。这些电视广播因而大多着力报道医学突破及专为老年人而设的政府津贴，诸如医疗保险和社保计划。

要评估一则新闻产生的直接影响力很简单，困难的是能看出哪些新闻会对受众产生足够的间接影响而值得报道。比如，尽管发生在中国、巴西或俄罗斯的事件与美国人民没有直接联系，但这并不意味着国际事件不值得报道。

并且，影响力这一筛选条件也有不适用的时候——有时，没有实质影响力的新闻本身便极具趣味，值得报道。贝丝还记得曾报道过一则关于在俄罗斯“米尔太空站”拍摄商业广告的新闻。“我不认为我们观众中的任何一位会去米尔，或者亲自在那里拍商业广告，”她回忆道，“这仅仅是一则有趣的新闻，配上几张有意思的照片。几年过去了，我仍能记起在我们播出的其中一则广告短片中，宇航员让牛奶漂浮在失重空间中，然后再用他们的舌头抓住牛奶泡泡的样子。这画面让我微笑，因此我觉得也会让我们的观众微笑。”

3. 即时性

硬新闻一定要即时。新闻的定义就是刚刚发生的事。极少情况下，人们会见到发生在一周、一个月或一年前的新闻。并且，这样的新闻总是会配以解释，为什么记者直到现在才报道出来——就好比当今的研究员挖出了陈年史料。

现代科技大大改变了对于“即时”两字的定义。20 世纪 60 年代，电视报道以胶片拍摄，从拍摄地送到播放地需要好几天。在那个时代，两到三天已算是及时的了。但如今，人们比过去任何时候都更希望能即刻获得新闻。而科技进步意味着他们能够随时随地获得消息。当今世界，记者把电脑和卫星电话作为日常工具，在世界任何一个角落都可以发送文章或视频。

4. 冲突性

不是每一则报道都需要具备冲突性。但最吸引人眼球的新闻往往具备这一点。所谓冲突，可能存在于人与人之间，比如两个互相竞争的政治人物。或存在于国家与国家之间，比如以色列和黎巴嫩。或者也可能是两个对立的观点，比如是否应该允许同性恋结婚。冲突创造出戏剧性——也就是“热”——因此能抓住观众的心。

5. 重大性

有重要人物牵涉进一桩新闻，往往使之变得重要。假如一个普通老百姓走在密歇根大道上被抢劫，不大会被芝加哥的报纸报道。但如果是市长被抢劫了，便可能成为报纸和电视的头条。

6. 热议度

热议度是指多少人会在他们工作时或晚餐桌上谈论这件事。通常，如果人们正在谈论某人或某事，那么他们多半想知道更多有关此人或此事的消息。就拿《60 分钟》来说，节目想要采访的人往往都是全美正在热议的人物，无论是名人还是某个做了重要事情的人。判定新闻价值时，热议度与其他几点略有不同，因为热议度通常产生于已经报道过的新闻，是旧有新闻的回响，以使人们继续对之保有兴趣。

热议度往往与名人新闻相关。很多时候，人们都在谈论某个名人的事情，使得这一事件出现在严肃新闻刊物上变得合情合理。回想有关迈克尔·杰克逊去世的报道，便能明白我们的意思。每一家新闻媒体都在报道——即便是像《华尔街日报》（*Wall Street Journal*）和《国家》（*Nation*）杂志这样超级严肃的媒体都做了报道。“有时，谈论布拉德·皮特和安吉丽娜·朱莉有了一对双胞胎也不错。你知道，是时候别总那么上纲上线了。”嘉莉克说。一些媒体通过报道这样的新闻兴旺起来，而另一些则与之奋力抗争：它们一方面认为名人应该享有隐私，另一方面又想要捕捉一些更为严肃的新闻。就拿第一女儿萨莎·奥巴马和玛丽亚·奥巴马第一天上学的新闻来说吧。民众对这件事的关注度很高。这不仅是因为这家新的第一家庭打破了种族障碍，令人瞩目，而且因为白宫已经很久没有小孩入住了。因此这两个奥巴马女孩第一天上学的新闻标题便有了双重意义。和许多其他大型媒体一样，NBC 也报道了这则新闻，却也亮出了条件：我们会告诉你们大家想知道的，但是之后，我们将把清静留给他们。“我们中已为人父母的人会表示理解同情，”主播布莱恩·威廉姆斯（Brian Williams）认为，“（对孩子来说）在学期中转学已经够困难了，所以我们会报道他们被选为总统的父亲，在必要时也报道他们的母亲。但会让萨莎和玛丽亚过自己的生活，在新的学校结交新朋友。”

名人新闻总是无处不在，但似乎现在的名人新闻比过去任何时候都多——因为受众需要它们。“这儿有几个高级制片人。我们都爱闲扯，兴趣口味十分广泛。并且一旦有什么事吸引到我们，我们就想，‘好吧，或许这也会吸引到观众或者整个世界，’”嘉莉克说，“然后我们就说，‘嘿，我们就做这新闻吧。去他妈的。’”她回忆当汤姆·克鲁斯和凯蒂·赫尔姆斯有了孩子时，她派了一个记者去他们的宅邸报道，并且为 CBS 当地新闻部做现场播报。“那时有那么多媒体在争夺现场报道。”她回忆道。新闻人想要给大众他们想要的，大部分情况下，那就是任何能引起热议的话题。正如迈克所说：“我们想要许多人关注起来。怎么做呢？给他们一些耸人听闻的东西。”这种灵活性也是《60 分钟》成功的原因之一。

寻找新闻

新闻媒体绝不会认为这世上无事发生。

——梅森·库利（Mason Cooley），教授

想选题是新闻记者的一项关键技能。怎样想出选题并没有一定的方法。“我把选题灵感比作一道闪电，下一次将发生在哪里我完全不知道，”迈克的制片人罗伯特·安德森这样说，“我完全仰赖陌生人的好心，以及副制片人和记者的帮助。不过最简单的方法就是浏览大量报纸，阅读大批杂志。”

广泛阅读

找到好新闻的方法之一就是阅读。假如你正在一家国家新闻机构工作，查阅各个城市的当地报纸，看看哪些有趣的新闻还没有引起全国的关注。阅读小报、杂志、期刊、新闻网站和博客。浏览主要消息来源寻找潜在新闻也很重要，包括政府及私人出资的调研、研究报告、非政府机构的网站和新闻稿等。可以查阅的地方简直不计其数。现在通过互联网可以读到世界各地的刊物，这意味着如今要了解世界其他地方所发生的事情，从远方选取新闻，比以往任何时候都容易。在互联网时代之前，唯一可以读到《狄蒙纪录报》（*Des Moines Register*）之类读物的方法就是在艾奥瓦或特定的报摊购买，也可以邮购。现在，这份报纸和千万份其他刊物一样，一天 24 小时都能读到。

假如你在一家当地媒体工作，那就阅读报道当地新闻的其他刊物——不是偷新闻，而是确认有哪些领域你们还没有报道透彻。还可以阅读其他同类城镇的当地新闻，可能由此找到值得学习的报道角度和方法。在报道当地新闻时，浏览诸如网站、报告以及传单等主要新闻来源特别重要。

同样可以从诸如美联社、路透社（Reuters）、彭博社（Bloomberg News）或者法国新闻社（Agence France-Presse）这样的新闻通讯社找选题。大多数新闻机构都会订购至少一家通讯社的消息，有些订购了好几家。此类通讯社擅长报道突发性及时新闻。但在过去几年中，它们也开始将重心转移到特写类、分析类或调查类新闻上。博客和社交网站是近来才出现的，但它们也可以提供新闻线索。比如，2010年海地地震时，记者正是通过互联网找到正在搜寻爱人和家人的幸存者的。

新闻线人

尽管记者可以通过各种途径找到写作题材，但许多一流的新闻线索却来自线人。人们经常会打来电话或写信来提供新闻点子。记者还会在工作中与各种人建立起关系，这种关系往往会带来故事。这就是为什么新闻机构往往按专题（beat）设置不同部门。所谓专题，就是一位记者报道了几个月甚或几年的领域，比如政治、犯罪或医疗。专题的设置不仅能使记者获得某领域的专业知识，也为他们提供了一个结识该领域圈中人的途径。比如说，一名报道市政府新闻的记者，可能会与市长手下的员工、市委委员或者市政府公务员建立起关系。许多一流的记者会花几周甚至几个月的时间与线人建立关系，最后获得最精彩的新闻故事。“有一次我得到了一个大头条，仅仅因为我那天正好在白宫外溜达，遇到了一个人。”克莱斯·华莱士说，那是他已经结识的一个线人。“有些人或许会告诉你他们本不该对你说的事情，可能因为他们信任你、欣赏你，或者他们想对你炫耀下他们知道一些你不知道的事情。”他解释道。当你正挖掘一些其他记者还没有得到的资料时，你的人脉会起到很大的作用。为美联社报道体育新闻的罗恩·布鲁姆还会利用线报核实消息。“你的人脉可帮助你得到本来可能不会公之于众的消息，令你信任的长期线人则可帮助你判断消息的真假，在如今这个博客崛起、准确度参差不齐、假情报四处泛滥的时代，这一点尤为重要，”他补充道，“你的线人往往能帮你踢走假新闻。”

线人和记者间的关系通常需要时间慢慢培养。线人可能会抖一些料给记者，并要求报道，或者不报道，然后等着看记者会怎么处理，再决定要不要提供更多资料。线人往往要在确信记者能够遵守诺言后，才会报出更敏感的资料。“你每天都外出搜集信息，撰写新闻，希望凭自己准确平衡的报道得来的信誉能给你的线人带来信心，在下一次需要时继续爆料给你，或者在他们听到些有趣的信息时主动给你电话或发邮件，”《洛杉矶时报》的金·墨菲解释说，“我这辈子相当一部分时间都花在了在县政大厅附近的酒吧喝酒，与县议会的副官们碰杯上。晚上，我会不时去厕所，快速记下他们整个晚上头脑迷糊之际透露给我的消息。”“第二天，我会打电话给他们，缠着他们答应我引用他们的话。他们接我电话是因为他们‘了解’我，知道我算得上是个好人。”最经典的新闻线人案例就是“深喉事件”，长期以来帮助《华盛顿邮报》（*Washington Post*）两名记者鲍勃·伍德沃德（Bob Woodward）和卡尔·伯恩斯坦（Carl Bernstein）的匿名官员后来爆出了水门事件。

当然，即便你不是总报道同一类新闻，线人仍会带来很大帮助。“其实我从未有过专门的报道领域，所以我并没有这种经历：建立长期线人关系，在不同文章中一直用这个线人提供的料，”CBS 前制作人，后来为《名利场》（*Vanity Fair*）撰文的调查记者迈克尔·布罗纳（Michael Bronner）告诉我们，“撰写长篇叙述性报道——尤其当你在杂志工作时，涉及各类不同主题——通常需要找寻与眼下这篇报道最相关的线人，所以你往往（在一阵疾风骤雨中）搜寻线人、找到线人、建立关系，最终在每篇新的报道中结识一串完全不同的线人。”这些人不仅能保证你把每件事都解释清楚了，还能保证你的整个上下文是正确的。“我最重要的长期线人是那些在特定领域经验极丰富的人，我可以就文章的角度向他们请教，也可以找他们核对细节。比如，其中有一位 45 岁的国防情报局资深人员，他经验丰富，擅长做深入的分析，经常帮助我理解我为一则特定新闻搜集的信息和经验在更广大的历史背景下意味着什么。”布罗纳解释道。你甚至不会在报道中引用他的话，但他却能帮助你加深整篇报道的深度，使之更准确、更详尽。

有时候，一些想法会来自于其他记者。迈克尔遇见安乐死倡导者杰克·凯渥肯的情况就是如此。“一位来自《底特律自由报》（*Detroit Free Press*）的记者告诉我们，”迈克回忆道，“他说，‘凯渥肯这个人你得跟他谈谈，我会告诉你怎样拿到他在汤姆·杨（Tom Young）的母亲、兄弟和家人的同意下对其施行安乐死的录像带。他们希望公众可以看到。”最后，这成了一期收视率极高、引起极大争议的节目。

随着你在新闻业的经验越来越丰富，你会逐渐善于选择主题和报道对象。举个例子，几年前迈克想在一期节目中采访前马萨诸塞州州长，同时也是共和党总统候选人的米特·罗姆尼（Mitt Romney），但《60 分钟》当时的总制作人杰夫·费格（Jeff Fager）一开始对他并不感兴趣。迈克凭借多年人物专访的经验，明白一期有关罗姆尼的节目肯定会生动有趣——所以他坚持了己见。“我当时想，管他呢，如果老板对此不看好，那我就证明给他看他错了。”迈克解释说，“我们跟了米特几个月，摄制组对这个人的品质深感震惊。我们甚至去了他参加的摩门教。他是个很有趣的人。”

新闻人物

找到好新闻的另一个重要部分是找到合适的新闻人物——透过人物来说故事。不同的人物催生了许多精彩的新闻故事，尤其是特写报道。“让那些话语有趣，并且说话方式、谈话背景以及举止外貌都有趣的人成为你文章的主人公，这就是使你的文章令人难忘的秘诀。”金·墨菲解释说。对电视新闻而言也是如此。“我找到了一个能作为整个报道中心的人物，或者说文章的绝大部分是通过他来展开的。选对人至关重要。”琳·嘉莉克解释道。通常，她会对那些与她所写报道直接相关的人物进行短访，听他们说话，大致了解他们用自己语言叙述事件的能力，最终选择那个说得最自然的人。“并不一定要选那个事件中最关键的人。我会选那些自己有故事要说的人。”嘉莉克解释道。

佩利说他手下的一些年轻制片人常带着新闻点子来找他，但他们的想法不仅太宽泛，而且缺少必要的中心人物。“他们来到我的办公室，说，‘气候变化！这是件大事！’我把他们赶出去，说，‘那是个话题，很重要的话题。但那不是一则新闻。你去找到有关气候变化的新闻故事我们再谈。我告诉他们史蒂文·斯皮尔伯格（Steven Spielberg）并没有拍一部叫《大屠杀》的电影，他拍的是《辛德勒的名单》。整部电影从头到尾都在讲大屠杀，但整部电影围绕的都是这个特定的人和他的工厂及工人。斯皮尔伯格没有拍一部叫《诺曼底登陆》的影片，他拍的是《拯救大兵瑞恩》，整部电影都在说诺曼底登陆，但他是通过一个个体来展开诺曼底登陆的宏大场景的。这就是差别所在，也是许多年轻人所没有掌握的。如果你有个主题想要告诉读者，那是第一步。但至关重要的是第二步，那就是找到可以用来讨论这个主题的故事，来使整个主题更明朗，使之成为读者真正想要了解的。”他认为这就是为什么他那篇写拉斯维加斯癌症诊所因金融危机关闭的文章会如此成功的原因——因为那篇文章是通过因此事受影响的人物来展开整个故事的。佩利的许多其他一流作品——事实上，所有一流的新闻故事——都是如此。

调　研

在报道新闻的过程中，信口雌黄比找出真相容易得多。随口武断也比流汗付出显得更优雅。

——哈罗德·伊万斯爵士（Sir Harold Evans）

新闻记者、作家

一旦你有了新闻选题，下一步就是彻底调研。这听起来容易，但往往做起来难。你很容易觉得自己已经调查清楚了，事实上却没有。调研就好像一层层剥开洋葱的皮——剥开一层，底下常常还有一层。最优秀的调研者不断深入挖掘，直到他对某个话题的了解与身涉其中的人几乎一样多。斯科特·佩利认为想要写出优秀的新闻故事，法则有三："准备，准备，再准备。"他说当他开始着手做一则新闻的时候，几乎与他将要采访的人所知的一样多。

做调研的过程中，你就要开始找寻你所写报道需要回答的那几个最基本问题的答案。基本上每一本新闻学教科书都会教授每一则新闻需要回答的六大问题（六要素）：何人（Who）？何事（What）？何地（Where）？何故（Why）？何时（When）？怎样（How）？以上问题被归结为五个W和一个H，是大多数新闻报道的基本。但是我们提议再加上两项：那又如何？然后呢？"那又如何？"回答了"我为什么要在意？"，这提醒记者在写作中要注重解释新闻的重要性及其带来的影响。这一点十分重要，而且并不一定会被以上几个W和H所涵盖。

“然后呢?”则能提醒读者注意到这一事实：新闻事件并不会因为被报道就一定结束了。这通常能使人们持续关注事件的发展，或至少促使他们寻找更多关于此事的新闻。总结起来，一则好的新闻报道必须回答以上八个问题。

通常，调研的第一步就是挖出报道同一事件的其他文章来阅读，即那些能帮助你回答自己文章中所需回答的基本问题的文章。通常针对每个主题我们都会搜集一沓文章，试着在开始写之前先自我学习，以达到相对较高的认知水平。你准备的时间越长，你能做的就越多。如果你需要即刻为一则突发新闻做采访，你可能只够时间获得写作的最基本材料。但在重要访问之前，你可能会花上几个小时来准备。迈克在一档《60 分钟》节目之前可以花上几天的时间梳理调研——阅读每一篇他找到的与此相关的材料，并查阅他即将采访的人物之前做过的访谈。

网络的诞生使得这类研究变得前所未有地简单，以至于年轻记者常以为所有的调研都可以在网上完成。这种想法当然是不对的。互联网提供了一个绝妙的起点，但如果你的文章旨在开拓新的领域，你就必须与懂这行的人交谈。安德森认为，为一篇文章做背景研究时，最好的方法仍然同 20 年或 40 年前一样：“和那些与这篇报道相关的人接触，和那些多少了解这一事件的人交谈，从他们那里获取事实与真相。”值得反复强调的是：如果你真的想给出新的信息，而不仅仅是对现有信息做做改写，你就应该走出去与相关人士交谈。

寻找采访对象

做新闻的主要困境在于你不知道你不知道的是什么。

——鲍勃·伍德沃德，记者、作家

调研的过程能让你获得充分的背景知识来理解你正在报道的事件，也应该能帮助你找到可以采访的对象。需要再次强调，网络调查有助于你决定这篇文章可以采访些什么人，这个第一步迈得不错，但也只是第一步。网络能助你找到已经就这一话题发表过言论的人，但一个优秀的记者还需发现新的采访对象，从而获得新的信息。最佳的方法就是通过你的线人找到其他可以采访的人。“通常，采访一个人后你会找到三个更多的采访对象，而这一数字会成指数增长，直到你觉得，‘好了，现在我手头的采访对象已经足够多了。’”安德森解释道。记住，你采访一个人，可能是为了在文章中引用他的话，但你也可能仅仅为了弄清背景情况而采访一些人。记者常为了加深对一个话题的理解而与各方人士交谈。

采访对象的选择取决于你总共有多少时间可用于完成报道以及你所做报道的类型。如果你的文章属于中长篇，而且有几天甚至更多时间做准备，你就有了显著的优势。文章篇幅越长意味着你可以采访越多的人，并能将从不同受访人处收集来的更多信息纳入你的报道。但如果你在写一篇爆炸性新闻，或者出稿在即，时间有限，要找到关键性的采访对象会困难得多。在网站或者晨间新闻工作的记者通常因时间限制需要做出妥协，采访一些知识丰富的可信人士，而非一篇特定文章所涉及的中心人物。但采访一个并非最理想的对象总比一个人都不采访来得好，只要这个人对你手头这件事确实所知甚多。

约定采访对象有时可能要做很大的努力。当事件突如其来时，往往许多新闻机构都想约访同一个制造出新闻的关键人物。在发生重大事件时，有些人，通常是如国务卿这样的政府官员，可以一轮轮与各大主要晨间新闻机构交谈。这个官员可能坐在一排 ABC、CBS、CNN、NBC 以及福克斯的摄像机前，轮番接受各大新闻机构的采访。但在突发新闻时，更为常见的情况是，这些机构会就哪家能约到主要采访对象而发生争执与冲突。“竞争者之多，令人咋舌，尤其是晨间新闻机构的数量。”在 NBC 主持晨间新闻达 13 年之久的罗斯・米切尔解释说。他告诉我们 NBC 收视率最高的《今日秀》（*Today*）节目在时间上的优势使其容易约到最炙手可热的采访嘉宾，使得《早间秀》（*The Early Show*）以及 ABC 的《早安美国》（*Good Morning America*）节目处于较为劣势的地位。“有时我们能约到‘热门人物’是因为他们喜欢前来约他们的人，或者他们喜欢这个电视台，又或者他们喜欢采访他们的人。但是我得告诉你，哪天早上看见其他电视台搞定了那个大‘热门人物’，是很令人沮丧的。所以这种竞争的过程变得很重要，而且相当残酷。”近年来，最炙手可热的访谈之一当属对美国前总统比尔・克林顿有染的莫妮卡・莱温斯基（Monica Lewinsky）的首访。在考虑了多家电视台的邀约后，莱温斯基选择了 ABC 新闻的芭芭拉・沃尔特斯（Barbara Walters）。那显然是因为她觉得沃尔特斯会比较同情她在整个事件中所处的位置。但除此之外，几乎每一天都有“热门人物”要追获。

态度勉强的受访者

当然，并不是每个人都喜欢和记者谈话。迈克特别幸运，许多不同领域内的顶尖人物都觉得被他采访就像是一个嘉许他们通过测试的仪式，是他们已经达到该领域巅峰的无形证明。“一个小偷只有在他上了《60 分钟》节目后才觉得自己真的混出了名堂。”迈克喜欢引用他同事莫利·塞弗（Morley Safer）的这句话。但有一些你想采访的人却抱着彻头彻尾的敌对态度，有些则是出于害怕，需要作者去努力说服。在这一点上，迈克也很清楚，因为他采访的一些人中，有些人他必须要努力说服才愿意坐下来和他对谈。

而要说服那些不情愿的人接受采访是需要点技巧的。最好的方法就是告诉这个人，她如果亲自叙述这件事或她的立场，对她自己会更有利。“对他们最管用的一句话就是，‘但我们想听听你的想法’，”罗伯特·安德森介绍说，“‘我们并不敌视你，我们只是好奇。我们想知道对此你的看法是怎样的。’”这一招不论是刚出茅庐的青涩记者还是《60 分钟》的资深人员，用起来都会奏效。几乎每个人都喜欢客观平衡，并且每个人都希望有机会给出自己的叙述。克里斯·华莱士告诉我们尽管他的节目组会派预约人员说服嘉宾来参加节目，但他有时还是得亲自出马说服嘉宾。“我经常要自己去敲定一场采访，或我自己决定做什么采访，来表达我的个人兴趣。有时我会给政治人物或决策者打电话，有时我会给他们的高层员工打电话，以显示我们真的非常感兴趣，”华莱士说，“我觉得一场周日脱口秀最重要的元素就是嘉宾。我宁愿和 A 级嘉宾做一场 B 级节目，也不愿与 B 级嘉宾做一场 A 级节目。”和许多其他记者一样，有时除了硬来，华莱士也没有别的方法可以邀到嘉宾。在 2008 年总统大选临近之时，华莱士一直没能为他的福克斯节目约到某个人，这个人就是贝拉克·奥巴马。“其实从 2004 年他当选之初我们就开始约了，但在 2007 年末他再次竞选总统后，我们开始着力邀请他，”华莱士说，“我们打电话到他的办公室，他的竞选办公室，不至于每周都打，但是经常打。然后他们一直说，‘哦，会有机会的，会有机会的。’直到一天我明白过来，这样下去是不会有机会的。我们考虑了一下，好吧，怎样能把赌注下得大点呢？然后我们就想到了‘奥巴马计时钟’这个主意。”华莱士从福克斯《24 小时》节目组借来一个电子钟，置于屏幕上——从 2006 年奥巴马首次答应华莱士会做访问的那个日子开始计时。“我们把起始日期设为那一天，然后称距离他答应我们做访问已经过去了 657 天。这个钟每一周，每一天，每小时，每分每秒都在计时，这个‘奥巴马计时钟’就这么开始了，”华莱士解释道，“这样做了大概四个星期后，他们最终打来电话说，‘好吧，他答应你们了。’所以约一个嘉宾的方式是多种多样的。”

另一方面，有些可能不该接受访问的人却答应了。这证明了邀请某人接受采访有时是会有成果的，即便你认为你想采访的人不会同意。迈克就约到过许多这类访问对象，比如棒球投手罗杰·克莱门斯（Roger Clemens）。2008 年 1 月，克莱门斯做客迈克最后一档《60 分钟》节目，此前克莱门斯被控使用美国职业棒球大联盟（Major League Baseball）禁止的促蛋白合成类固醇并已获证实。克莱门斯收到无数采访请求。“每家新闻机构都在给他们打电话，”安德森回忆道，他制作了《60 分钟》克莱门斯的这期节目。迈克的优势在于他此前曾采访过克莱门斯一次，并且后者对那一期节目很满意。“他们认为我们会公平公正地进行报道，”安德森接着说，“他们觉得罗杰可以借节目表明心意，表示他愿意接受，并经受得住最高层面的反讯调查，从而增加他的可信度。他们寄希望于此。”当时，媒体普遍下结论说克莱门斯并没有说服太多人他是无辜的，但他的确得到了机会就此案为自己辩驳，因为他回答了所有迈克抛过来的尖锐问题。迈克认为克莱门斯达成了他原本设定的目标。“他就是来玩这套把戏的。从他开始回答第一个问题的那刻，我就意识到他想干什么。他这么说，‘嘿，你不相信我？好吧，我会正面回答所有这些问题。扔给我你能想到的所有尖锐问题，我会一一作答的。”

伏击与否？

有时候，你要采访的人实在太不情愿，根本就不会接受采访，这意味着要和对方说上话就只有伏击式采访。在上一章中，我们曾提到迈克并不太愿意做伏击式采访——太多热，却缺乏光，意思是这样做他们制造了太多戏剧性，却并没有获得足够的有用信息。但有时，伏击式采访却至关重要——就如 1993 年那起新墨西哥州牧师娈童案。早在新闻爆出此事几年前，已经有许多家长发出成堆投诉，后来更向法庭提起诉讼，称当地牧师猥亵他们的孩子，男孩女孩皆有。新墨西哥州的大主教罗伯特·桑切斯（Robert Sanchez）对此一概视而不见。“每有教区居民向他投诉时，他总是说，‘噢，我还是第一次听说这样的事。’然后就将这名牧师转到另一个教区，却不向新教区的居民发出警示说这名牧师有前科。”当时制作这期节目的安德森回忆说。迈克和他的团队无法接触到这名大主教，更不用说对他做伏击式采访了。但他们却找到了罗伯特·基尔什（Robert Kirsch）神父，他是大主教的密友，曾被指控与一位 15 岁的女孩发生性关系并于此后认罪。正当基尔什走在新墨西哥山间的朝圣之路上时，迈克、安德森以及整个制作团队对他做了伏击式采访。迈克问他为什么这个女孩称被迫与他发生性关系。“他当时没有作答，但却给了我们利用这个问题的机会，帮助我们叙述了整个新闻故事，”迈克回忆道，“这给了你将问题纳入整个报道节目的机会，而他的不回答泄露了劲爆的信息。”安德森还记得在此之前，他与迈克就是否要采用这一方式争执起来。“我说，‘我们别暴露自己在这儿，’”安德森回忆道，“但迈克说，‘去他妈的，我们在此时此地逮到了这个牧师。就让我们看看他有什么可说的。’”现在回想起来，迈克显然是对的。就在这期《60 分钟》节目播出之前，这名大主教辞职了——这一举动被公众视为认罪的表现。此后，十几名曾被这些有恋童癖的牧师们侵犯过的受害者纷纷向这一教区提起诉讼，最终教区及保险公司为平息此事赔偿了几百万美元。

诸如《60 分钟》这样的合法电视节目现在仍会做伏击式采访。但据节目组的工作人员说，这样做的目的是为了获取信息，而不仅是制造戏剧效果——为了光，而非仅仅是热。但有些新闻机构仍会为了热而采用伏击式采访。福克斯新闻的比尔·欧瑞里时不时让他的制作人展开伏击式采访。他为此辩解说，此举只是为了迫使那些不会回答问题的人做出回应。“现在，的确有些人反对这样的做法，”欧瑞里承认，“但我们认为要让公务员对他们的一些行为做出解释，这个方法很重要。并且我们并不是轻易就去跟踪别人。我们总是先邀请他们上节目，或发表清楚的声明，解释他们的行为。”不过，有些受到伏击的人却说他们事先从未收到节目组的邀请。在我们看来，《欧瑞里因素》（*The O'Reilly Factor*）这一节目采取伏击式采访的目的在于在荧幕上制造戏剧效果，而非真正要找到答案。

采访顺序

你做采访的先后顺序也很重要。假如你在写一篇短篇报道或突发新闻，你就只是想约到任何你可以找到的人，越快越好。但如果你在写长篇报道或调查性新闻，那么你就应该妥善安排好你的采访顺序。通常，你先采访那些次要人物，最后再采访主要人物。这样，在你进行关键采访时，你手边已掌握了许多可用的资料。获奖作者鲍勃·伍德沃德将这一技巧运用得尤为得心应手，他当年揭露了水门事件，如今主要在撰写有关白宫内幕的书籍。“在研究每个问题时，伍德沃德都会从重要性最低的人物开始，挖出尽可能多的信息，然后再一路往上找到最上端的人物，”安德森解释道，“然后当他和最关键的人物谈话时，他们意识到，‘哎呀，他对这事的确知道很多。我要确保他不会歪曲他所知的事情，从而来抹黑我。’”因此人们会为了保护自己而与伍德沃德交谈。这正是年轻记者可以借鉴的方法。如果你做了充分的准备工作，收集了诸多资料，你想要采访的人也更有可能说出他的想法。和这些人的属下交谈就是其中一种方法。而先与他们的老板甚至是竞争对手交谈，亦可能出乎意料地迫使他们接受采访。

为采访做准备

最合适的问题并不是记者眼中最相关的，而是新闻受众眼中最相关的。

——迈克尔·金斯利（Michael Kinsley），记者、作家

在与采访对象坐下来面对面交谈之前，自己先列下所要问的问题并合理安排整场采访，这一点非常重要。这一步骤真可以决定你采访的成败。迈克的儿子克里斯说，他从父亲那里学到的最重要的事之一就是绝不在没做准备的情况下开始一次采访。“基本上，你一定会遇到对某个话题比你更在行的采访对象。假如你采访的是一个电影明星，他们比你更了解电影和其中的技艺。假如我采访的是总统的经济顾问，我当然希望他在经济方面知道的比我多，”华莱士说，“这么说是为了说明，如果你想让一个人敞开来谈，如果你想让他脱离事先准备好的官方读稿，你就必须要知道得足够多才能挑战到他。”华莱士不仅会对话题做深入研究，甚至还会事先演练可能发生的问答过程。“如果我问了此人这个问题，他们将会说什么，我又该如何回应？我觉得这些是一场采访是否成功的决定性因素。”华莱士将此称为“战争游戏”，也是一种帮助你准备重大采访的好方法。

这就是为什么许多（即便不是大部分）记者带着一串写下的问题去采访的原因。一些经验丰富的记者可能只列出一些需要谈的话题，而没有具体的问题，尤其是那些日复一日报道同一领域的专题记者，

但无论如何，事先做些计划是非常重要的。特别是当你刚进入新闻这一行时，你应该为采访做详细的计划，确保能获得写作所需要的所有信息——不仅仅是细节，还有“何故”和“那又如何”这两个更重要的问题。

正如迈克所指出的，写下问题的过程能帮助确保你已为采访做好了准备。“我以前会在黄色拍纸簿上写下 50 个问题。写下这些问题的过程也是你自我学习的过程。你正在自己做研究。”他这么认为。你的研究做得越好，你的问题也会问得越好。“到时候你可以把 50 个问题都抛诸脑后，但因为你事先做了这样的研究，足够提 50 个问题，你已经很熟悉这一主题了，因此接下来发生什么你都能应对得了。”

这就是为什么我们建议年轻记者为他们的每个采访对象准备一长串详细的问题。但事实上，这一系列问题对于整场访问来说只是个开始。在采访中，你根据受访者的实际回答而提出的跟进问题与采访前准备的问题一样重要，我们将在下一章详细讨论这一点。所以，一个优秀的记者应当乐于脱离准备稿，这一点没错。但有一份实实在在的问题放在你面前能助你确保自己已做足了准备。而且一旦采访陷入僵局，它也能给你带来帮助。“你可能放弃所有之前写下的问题，或许不是全部，但可能差不多有 40 个，”迈克解释道，“而如果十来个问题后，整个访谈还是毫无头绪，那么你还可以参考你的拍纸簿，心想，‘哦，就问那个问题吧。’这就可以使采访重新纳入正轨。”

提问时的措辞组句也应恰当。优秀的记者总以能得到长答案的方式提问。最好的方式便是提出所谓“开放式”的问题，即那种不能以简单的“是”或“否”作答的问题。他们鼓励受访者多说一点。偶尔，在处理那些很具体的问题，需要简短回答的时候，记者也应该使用闭合式问题。此类问题可能是“你说你从未使用类固醇，你是不是在说谎?”这种情况下，答案只能是“是”或“否”。而开放式问题则可能是“第一次被指控使用类固醇时，你有什么感觉？”这是一个引出长回答的问题，相较闭合式问题，也更有可能为你的文章获取有趣的“引语”。在一般的采访中，通常这两种提问方式你都能见到——但你得掌握好什么时候提哪种问题。“不要问那种让受访者有选择的问题，比如‘事件发生时你在现场吗，还是发生以后你才到的？’”CBS 新闻部的同事伊丽莎白·帕默（Elizabeth Palmer）补充道。“这样的问题会限制住他们。提一个更宽泛的问题让对方回答，比如，‘你是什么时候到现场的？’只有少部分情况下，当你想要让他回答一个特别细小的问题时，可以问‘是或否’的问题。但通常这样会很轻易地放走受访者。最好问‘怎样’‘何地’‘何时’以及‘何故’，迫使他们给出全部信息。如果你仔细观察经验老到的记者做访问，你会发现他们就是这么做的。”

说到组句措辞，你要做到简短漂亮，《60 分钟》节目组的斯科特·佩利认为一个好的问题不应该多于六个英语单词。“我认为问题应该问得简短直接，直达关键，这样能得到更诚实的回答。不然你啰啰唆唆讲了 30 秒，你的受访者就会跟着一路思考一路思考一路思考，”他补充说，“这是人们常犯的一个错误。”克里斯·华莱士也认为一个简短明确的问题能增加你获得有用信息的概率。“我相信问题越长、越迂回，越是会给对方机会避开问题。所以我认为将问题打磨到切中要害十分关键，”他接着说，“抽走所有不必要的脂肪，拿掉所有从句，有多直接就多直接。”

另一个华莱士推荐的提问技巧是由 NBC 常青主播汤姆·布洛克教给他的——就问，“关于……你怎么看？”这个方法华莱士屡试不爽，包括那次采访英国首相撒切尔夫人。“1982 年，我是《今天》（*Today*）节目的主持人。当时正值以色列入侵黎巴嫩，英国人和美国人都对以色列相当恼火。”他解释道。撒切尔采访起来很难，她已被英国的各种政治辩论打磨得异常精细，简直拥有计算机般分析问题的能力，华莱士说。因此，他思考着以何方法打破她的防守，能够让她表露出对以色列首相的真实看法。“我问她，‘你对梅纳赫姆·贝京（Menachem Begin）是怎么看的?’这个问题如此简单又猝不及防，你很难逃脱。你说的任何话，甚至你说话时的任何停顿，都会透露些什么。最开始的一秒，她说了句诸如，‘哇，这个问题我该怎么回答呢?’因为很显然，那一刻梅纳赫姆·贝京对她来说实在是个令人头痛的大麻烦。”华莱士说，“我让她顿了下来，虽然只有一秒，但我已经非常满意了。”

好的问题同样应当显示出你是事先做了功课的，但是以一种很隐晦的方式。为了证明你之前做过准备而字字照搬引用某人以前说过的话或写过的文章当然没有必要。如果你下的功夫能从你问题的深度中体现就更好了。你可以这么对受访人说：“2004 年 8 月 13 日，在全美大学校长论坛上发表的演说中你曾说，‘美国各大学如今比过去任何时候都更有机会从国外招收学生，并且我们都应该这么做。’为什么呢?”这样说当然可以。但你的采访对象已经知道自己在演讲中说了什么，你也可以假定他是记得他说了什么的。因此你可以仅仅问，“你一向鼓励大专院校招收更多国外学生。这是为什么?”以这种方式提及他以前说过的话仍然能显示你是做过研究的，但却能帮助你更快、更简要地提出你的问题。

第三章　对话：采访的艺术

精彩的问题造就精彩的报道。

——黛安·索耶（Diane Sawyer），记者

采访是新闻的命脉。每一篇报道文章，无论是硬新闻还是软新闻，是纸质还是网络或电视新闻，都取决于采访。这意味着掌握采访的艺术至关重要。不要犯错：采访是一门艺术，需要一名记者通过多年的新闻实践来学习。尽管有些人生来拥有比别人更强的采访能力，但所有记者都会在职业生涯中不断精进他们的采访技能。

迈克·华莱士是新闻采访中的高手，那么对他而言，什么才是好的采访呢？“假如一场采访让你知道了此前所不知的信息，成功地有了新的发现，那这就是好的。”迈克这样认为。换句话说，好的采访能为你带来写好一篇精彩文章的新素材。

当然，广播电视采访需要考虑另一个因素：它们不仅仅是为了信息——同时还是一场表演。“假如镜头上受访者的反应刺破了虚假又毫无信息的表面回答，那这就是好的采访。”迈克解释道。如迈克这样的电视记者因为荧幕前这些刺穿表面的时刻而声名远扬——但这样的时刻其实是每一名记者都在追求的，不论是不是对着镜头。如今，受访者面对记者的提问往往已做好了充分的准备。这意味着记者们要比过去准备得更加充分，才能确保一场采访能够顺利展开，直指当下事件的核心。

采访的本质

大部分新闻学教科书都会称：一次好的采访就好似一场谈话。贝丝在福特汉姆大学的课堂上也经常这么说。但迈克却不这么认为。“谈话与采访相差太多了，”他认为，“谈话是无目的的。”在他眼中，采访则完全不同。他把采访视作一次谈判。采访者想要些什么，受访者也想要些什么。每一场采访都是一次智斗，双方都想在其中获得自己想要的东西。所以当你在为采访做准备时，别单只想着你需要什么信息。“要从受访者的角度看问题，”迈克建议，“他们愿意坐下来接受你的访问意味着他们尊重你。但同时他们还想赢得收看你节目的这些观众。”想象一下你的采访对象心里在盘算什么。然后试着利用这一点为自己赢得优势。

最能反映这种谈判说法的例子是迈克于 2008 年对罗杰·克莱门斯做的访谈。这是某人想要证实自己能经受最严酷审视的经典一例（我们在上一章已讨论过）。克莱门斯想要证实他的清白，而当时已 89 岁高龄的迈克则想向 CBS 的高层证明他仍可以搞定重大采访。2001 年时，迈克曾采访过一次克莱门斯。“当时我去他在得克萨斯的家里采访他，并且很惊讶地发现他与许多其他运动员或体育明星不同。他很善于表达；与他的母亲很亲近，十分温柔，这一点很奇特；非常在意人们对他的看法和想法。”迈克回忆道，“他也看《60 分钟》，算得上是半个粉丝。他知道我们在做什么，意识到自己没有什么可以隐瞒的。这就是我俩之间关系的起始。随着采访的深入，我们成了朋友。当然不是密友那种，但他的确信任我们。”尽管他与克莱门斯之后没有保持联系，迈克认为那第一次采访是获得第二次采访的关键所在。在米切尔有关棒球队使用类固醇的报道出来后，“克莱门斯说，‘是的，我愿意坐下来接受迈克的采访，因为我之前就认识他，他也认识我，我们能够信任彼此。’”迈克说。

对迈克来说，这真是个千载难逢的机会，不仅获得了最吃香、最热门的采访，而且能问采访对象任何问题。“这个人信任我们，同时这个人的公众形象正受到损害，许多体育记者对他都抱极怀疑的态度。能够切实地追问这样一个人是多么棒的机会啊，”迈克说，“我们可以问他任何问题，而他也会回答任何问题。我们可以不受限制地问他希望他回答的任何问题，而他接受采访的同时也明白我们会抛给他一些尖锐的问题。”这是一种难得的信任与合作。

迈克说，尽管问题尖锐，克莱门斯依然应付自如。“从我坐下提问的那刻开始，我便意识到他可以最好地为自己作证。他说：‘你有些什么高难度的问题？全扔给我吧。我会为你一一作答。我相信我自己，因此公众也没有理由不相信我。’”迈克无法确知克莱门斯到底说了实话还是谎话，但他认为克莱门斯为自己做了次值得称道的辩护。

正因为迈克明白克莱门斯接受采访时心里的打算，他才能将最尖锐的问题抛向这个明星，并最终创下《60 分钟》三年来最高的收视纪录。

建立融洽的关系

我试着让人们忘了灯光和摄像机，感觉只是我们两人单独在房间里交谈。

——芭芭拉·沃尔特斯，记者及作者

采访成功的关键在于双方融洽的关系。这就是为什么记者通常不会直入采访主题，除非这是个时间紧迫的官方采访。他们通常在进入正式访谈之前与对方聊上一会儿，以此找到与受访者间的一些共同点。这种联系可能来自于大家都想将采访成功做完的共识，可能是拥有同一群朋友，或者有着共同的兴趣爱好。这种融洽关系的建立往往意味着一场采访是还不错还是极其精彩。

与采访对象建立融洽关系的方法之一就是在谈话中提起你们共有的朋友或都认识的熟人，比如，你在提问前聊天时，“可以这么说：‘哦，说起这个，A、B、C和D是我的朋友，他们都跟我说过他们很仰慕你，’或者‘他们有些问题想让我问问你’，”迈克建议道，“这样就肯定能引起受访者的兴趣。或者你也可以这么说：‘我必须得说，肯定有些人也对你抱有怀疑。我与他们中的一些人交谈过。我肯定你想要回答些他们让我特意问你的问题。’”任何其他能够建立共识的事物都是好的。可能你和受访者来自同一地区，上过同一所学校，有着同一种兴趣。深入的调研往往能挖掘出这一类的共同之处。

另一种建立关系的方式，尤其是当两人间没有明显共同兴趣的时候，就是让采访对象开口说话。迈克有时会和对方聊一些当天的新闻。“你听说那个了吗？你的反应是？那则新闻的关键在于？”即便是这种简单的问题也会有助于建立密切关系。

如果你在调研中没有找到任何共同点，那么找一些你采访对象热衷的事。“我通常试图在采访对象的办公室进行访问，那里会有些私人物品，比如一张照片或某件艺术品。”贝丝解释道，“人们往往喜欢谈论自己，所以那里总会有些什么能让你挑起话题。”家庭照、奖状、书籍或是某些小玩意儿都有助于开始一场谈话。

但有时这些方法都用不上。那你还能做什么？如果对话并不流畅，迈克通常直接把话挑明。“你瞧，”迈克会这样说，“我试着想要了解你。一个‘是’‘否’或者‘可能’并不能让我了解到你。我得相信你的确在试着与我交流，正如我正试着与你交流一样。所以让我们静下来好好了解对方。”对于刚入行的记者而言，更柔和地使用这招或许会很有效。假如你对一个采访对象说：“我想问你是否介意回答得更多、更详细一些，那样我就能得到更多信息。在这方面我的确所知不多，我很感谢你能帮助我。”这绝没什么错。这并不是你搞砸了——而只是想让采访变得更顺利的一种方法。

有时，记者和受访者间的关系建立得很自然，就比如迈克在2004年采访福克斯新闻的明星人物比尔·欧瑞里时。“我觉得他对我的工作很尊重，”迈克这样认为，“不管他是否认同，他很尊重我的工作。因此与他展开交谈也变得简单。”当然，两个电视人物和谐相处并不会令人吃惊。相对较难建立融洽关系的是伊朗总统马哈茂德·艾哈迈迪内贾德（Mahmoud Ahmadinejad）。“他知道我是个怎样的人，艾哈迈迪内贾德他知道，”迈克说，“所以他做好了准备。他也清楚《60分钟》的名声。他想要利用这个节目，也愿意回答尖锐的，或者说有争议的，甚至是带有冲突性的问题。我觉得他乐在其中。”迈克认为他之所以能和艾哈迈迪内贾德建立起融洽的关系，是因为他俩都希望这次采访能成功。“他想让美国人看到他在行动。”迈克说。

电视节目的录制过程从某种程度上也会帮助关系的建立，因为做一场电视访谈很复杂也很昂贵，并且体现出一定的严肃性。“对我，即采访者而言，这显然是一件很重要的事。受访者也必然明白这一点，他周围的人显然也明白。这并不是奉承，”迈克解释道，“事实上，一切都在运行中。我的意思是，这些都得花钱，还得花时间。”如果受访者能想一下安排和准备这场访谈花了多少工夫，可能会给出更认真周详的答案。

但是在电视访谈中，有时你就是无法建立良好关系。迈克在1979年采访伊朗精神领袖阿亚图拉·霍梅尼时，霍梅尼就是不看他。“他不看着我这一事实有太多意味，”迈克回忆道，“他已经同意和这个人，这个访问者坐下来做访谈。他为什么愿意和我坐下来对谈？他的人民显然感到这对他而言，或对他们而言是个好主意。”但霍梅尼的民众却不能强迫他们的头儿和迈克做眼神交流。而这种联系的缺乏，这种眼神交流的缺乏，也成了整个报道的一部分。霍梅尼在美国人心中那种冷酷统治者的形象在迈克的这次访谈中进一步加深了。

CBS新闻主播罗斯·米切尔回忆起一些就是无法建立融洽关系的访谈，当你在做电视直播时，这真的是一个大问题。“有一次我在采访歌手珠儿（Jewel），她真的没什么可说的。我有四分钟时间与她交谈。只说了一分钟就很清楚，她不想接受采访。她刚‘写完’这本书，但却对这本书一无所知。而我问她问题时，她实际上什么都没有回答——实际上有点出言不逊——然后我说：‘珠儿，你得跟我合作。我们有四分钟的时间呢，’”米切尔轻笑着说，“然后她笑了，后面的采访就顺利些了。”

但有时，良好的关系可能完全走向另一面。有时候采访者和受访者间的关系处得太好了，以至于转变成某种调情。有些记者不加掩饰地公开调起情来。比如，在介绍 ABC 新闻明星主播芭芭拉·沃尔特斯的职业生涯时，贝丝让学生们注意沃尔特斯和许多男性调情的片段，其中包括演员、外国领导人以及美国总统。迈克对于这种做法也没有异议。“有时候你想和有魅力的女性调情，有时候也会和想要调情的年长女性调情，”他说，“你可以通过任何手段从你的采访对象那里得到你最想要的。”贝丝清楚地记得，自己在俄罗斯报道职业体育板块时，内心拼命克制住想与那些全球最出色的网球、曲棍球或篮球运动员调情的冲动——尤其是在 2005 年国家冰球联盟（National Hockey League）球员大罢工时。当时许多最优秀的运动员来到莫斯科参赛，她得在他们的更衣间对他们进行采访，而对方都在不同程度上裸露着身体。

一名记者的性别和种族在建立关系时也会起到作用。芭芭拉·沃尔特斯是个利用性别优势的高手，无论是和男人调情，还是和女人交谈时让对方把自己当作闺蜜。CBS 团队中已故的杰出同事艾德·布莱德利（Ed Bradley）能够与其他非裔美国人建立独特的关系。“他有这种优势——这听起来有点疯狂——但他有身为一个黑人的优势。”迈克这样评价布莱德利。在他所有的采访中，布莱德利曾说自己最自豪的是 1983 年他对歌手莉娜·霍恩（Lena Horne）做的那次。虽然那时她已经 64 岁了，而他只有 42 岁，但是他俩间的化学反应在镜头前嗞嗞作响，霍恩说他们有相同的种族也是他们能紧密联系的原因之一。“那是个超级棒的访谈，”迈克说，“他从她那儿得到了许多其他人都得不到的东西。我也做不到。”布莱德利为《60 分钟》做了上百个精彩的访谈，但我们觉得特别出彩的那些往往是有关非裔美国人的：歌手雷·查尔斯（Ray Charles）、高尔夫球手泰格·伍兹，以及拳王阿里。其他记者也认同他们的种族或性别有时会对他们的采访有帮助。“在报道法庭规定校车服务的事件中，白人会告诉我他们不会告诉黑人的话，而黑人也会告诉我他们不会对白人说的话，仅仅因为，作为一个亚洲人，我不属于任何一方。”菲律宾裔美国人安东尼·拉米雷斯（Anthony Ramirez）解释道。他曾在几家国家报纸报道新闻。

建立长久友好关系的过程并不会因为记者合上了笔记本或关掉了录音笔而结束。确保一场采访做完后两人间的交流仍然存在总不会错，正式采访结束后你就可以开始这一过程。一个优秀的记者不会立刻起身离开，除非他感觉到受访者急着赶时间。在起身离开之前再交谈一会儿比较好。你可以问受访者你还有什么想问的问题，或者对方有什么想要补充的。另一个好的做法是：问问你的采访对象，假如你有问题或者需要额外信息，如何最快、最便捷地找到他。你可以向对方要一个手机号或者电子邮箱，以便日后联系。有些人对询问私人信息感到别扭，但比起迫近交稿日期需要更多信息却找不到你的采访对象而言，这样做好多了。准确性无论对你还是对受访者而言都很重要。

在采访后写张便条之类的，感谢受访者挤出时间等等一定错不了。在电邮时代，发送一两句简单致谢尤为简便。无须滔滔不绝写上一大篇——你只需让接受采访的人知道你很感谢他能抽出时间。你得确保将来仍有继续采访的可能，甚至能和你的采访对象建立专业联系。如果你们之间的关系融洽，你采访的人可能变成你宝贵的长期线人。

采访风格

我采访的基本技巧就是询问一些听起来甚至会显得天真、无知的问题。有时当你问诸如“你是谁?”或者“你的职业是什么?”这样的简单问题时，你最能学到东西。

——布莱恩·拉姆（Brian Lamb），C-SPAN创始人

采访及建立融洽关系的技巧数不胜数。迈克通常扮演的角色可能被称为“大审问者”，但即便是他也会在采访中使用一系列技巧。他可能会控制语气，使自己听起来像个和蔼的叔叔，也可能像个严厉的法官似的打电话给他们。他认为采访的风格取决于报道的焦点为何。“这次采访是为了获得事实，还是造成政治轰动，抑或是搅动人们的情绪?”他会问这样的问题。“如果你带着这样的思考去采访，那么你就会事先准备这种风格的问题。”

换句话说，你提问的语气会随着采访主题的变化而变化。比如，你就某人的重疾而采访她时，带指责意味或态度强硬就显得不那么合适了。而采访最终是会在电视广播播出，还是在报纸杂志刊登，抑或仅为了收集背景材料而根本不会被直接引用等，也决定着整个采访的风格。

我们见过不同的记者有效地运用各种不同的风格，从全知型到扮傻型，从法官型到同谋型。事实上，采访风格取决于你自己的性格。要扮作一个与你不同的人十分困难。美国最著名的采访者都发展出他

们各自独特的风格。上文已经说过，芭芭拉·沃尔特斯极善于与采访对象建立私密关系——和他们成为朋友，引导他们吐露内心。她对人有同情心，并且有感同身受的能力，人们坐下来接受她的访问是因为他们知道她会和善地对待他们。而 ABC 新闻前主播泰德·科佩尔（Ted Koppel）则完全是另外一种风格。他并未试图与采访对象交朋友。事实上，科佩尔主持《夜线新闻》（*Night Line*）的时候，他的嘉宾通常坐在另一间演播厅里，尽管他们与他身处同一城市。采访者与受访者间的这种距离能帮助科佩尔提出基于事实的尖锐问题。

个人采访风格的形成需要很长一段时间：这真的关乎经验，需要不断尝试，不断犯错。但一个好的建议是试着跟从你真正的个人性格。如果你生来是个讨喜的人，似乎不太可能会在采访中变成一头猛兽。

基本技能

能奏效的采访技能各种各样，但对年轻记者而言，其中的一些特别有用。有一种我们称之为“青涩派采访”，你假装对采访主题所知甚少，让人们从最开头讲起，带着你缓慢而仔细地了解一件事。你可以告诉你的采访对象：“我对这方面不太了解。你可以用简单的方式从头向我解释吗？就把我当成是你的祖父，需要你带着走过每个角落。”事实上，你可能对这一主题有所了解，但这一招能保证你从受访者那里获得许多信息，能了解到完整的故事。这是确保人们简化复杂事物的一个妙招。

还有一个技能我们称之为“重复”。重复之前听到的信息以确保自己真的理解了。你可以说：“看看我理解得对不对。”然后重复关键信息。当你获得的信息很复杂时，这一招真的很有效。

记住，有时一个记者的年轻或缺乏经验反倒能成为一种财富。“年轻采访者的无知会对他们自己有利。”迈克曾这样说过。担任福特汉姆大学校报顾问的经验，加上自己也曾起步于学生记者的经历，使得贝丝可以这么说，受访者对一个年轻记者往往更加体谅。如果一个学生或者新人准备充足，细致地做了调研，将经过仔细考虑的相关问题一个个列出来去采访，受访者往往会竭尽全力给予帮助。

怎样提犀利的问题

对于刚刚起步的记者而言，学会提尖锐的问题是最难掌握的技能，但却是最重要的技能。资历尚浅的记者往往担心假如他们提问太过犀利，对方会被激怒。“这有可能，”迈克说，“但如果你够聪明，就不会以那种会惹怒他们的方式提问。”迈克认为关键在于你要尊重对方——并且以证据支持你的问题。“你拿起一样东西给他们看，说：‘你知道这上面怎么说吗？’”迈克解释道，“受访者立刻就会明白这是个什么问题，并且是由什么引发的。”

更重要的是，年轻的记者不应担心他们的采访对象是怎样看待他们的。与受访者建立友好关系是重要的，这没错。但是你不能让这一点阻碍你获取信息。毕竟，这不是比赛谁更受欢迎。你是有正经工作要做的。

当然，假设你是个学生记者，采访对象是某位你将会一直遇见的教授或系主任，遇到此类情况提尖锐的问题会比较困难。或者你获得了一个采访电影明星的机会，而对象正是你喜欢的。但因此而避开尖锐问题，你便贬低了自己。“如果你和你对其持有疑问的对象在一起，而且有机会这么做时，抓住机会！如果这触怒了对方，你又损失了什么呢？”迈克问道。即便是你要提犀利问题的对象是你将来还会采访的，受访者也可能由于你提这样的问题而更加尊重你，只要你的态度是礼貌的，而这些问题是基于认真调研的。当我们提出尖锐问题时，应该记住这句话：世上没有无礼的提问。任何一位有名有权之人都应当面对无礼或尖锐的问题。

每个记者都有各自的方法来提尖锐问题。芭芭拉·沃尔特斯的方式是以几近抱歉的态度开始，说些诸如这样的话："我真的很讨厌问这个，但是所有人都想知道……"或者"我知道这对你来说或许很难回答，但是……"尽管在质问受访者时迈克被认为蛮横冲撞，但他实际上有许多温和的采访方式。"我会使用一些特定问题和特定的表情，"他说，"当你在问一个尖锐的问题时你说，'原谅我这么说，但是……'然后提出犀利的问题。或者这么说，'哦，得了吧！'意思是，'嘿，别跟我开玩笑了。'"

CBS新闻记者伊丽莎白·帕默特别擅长用礼貌的方式提尖锐的问题。她从不会让这些问题听起来像人身攻击。她会提出犀利的问题，但态度很恭敬。"要试着避免'逮到你了！'或者'我会抓住你小辫子'之类的语气，"帕默说，"相反，你应该沉稳而礼貌地坚持，直到得到了你满意的答案。假如你没有得到好的回答，那么就一下多问几个尖锐的问题。老是重复同一个问题就证明对方没有给出回答且一直在逃避。"

她的下一条建议特别适用于电视采访："假如你以理性的态度提出优质的尖锐问题，你的听众和观众便会站在你这边，并且也会期待好的答案。假如受访者不回答，他或她就会失去观众的同情。反过来说，假如你攻击采访对象，你就会冒让观众同情他们的风险。"这是要避免的，因为你需要让观众站在你——也就是采访者——这边。

为你的问题排序

传统新闻学教材建议记者按问题回答的难易程度排序，这样即便对方被最末尾的难题冒犯，不发一言，采访的主体部分也已经完成了。对年轻记者而言，这或许是好的建议。但经验丰富的记者可能并不会这么做。迈克经常根据采访对象的心情好坏以及接受能力的强弱提出问题。“你根据你的直觉来。”他说。但即便是迈克，也不可能在没有一点热身的情况下就直奔核心问题。而在做电视访谈时，在开头提一两个不那么重要的问题总是明智的，这也能给摄像师及收音师调试设备的时间。

当然，你怎样提出问题取决于你在做什么样的访问。如果是录制下来的长访谈，那么你通常需要在进入核心问题前让采访对象热个身。但如果你是在做现场访问，而整个板块只有三分钟时间，该怎么做？这两种访谈CBS的主播罗斯·米切尔都做过，他认为现场访谈尤具挑战性。“在这种情况下，你没有时间建立任何友好关系。基本上你已经开始采访了，但其实又没有完全在状态。所以你要试图做的就是让你的问题清楚明了，让整场讨论显得像一次交谈那样轻松灵活。”他说，“当你在做这样的快速短访时，你能把握的最关键一点就是倾听并表现得机敏。”

跟进问题

灵活意味着能想到新的问题跟进前面提出的问题，即在采访过程中想出新问题。这些跟进问题决定着你的采访成功与否。在采访过程中，你对自己采访的主题会有更多了解，而采访对象的回答往往会令你产生事先没想到的问题，尽管之前你做了准备。“每次去采访时，你心里都明白自己不可能只问写下来的那些问题，因为采访的关键在于那些跟进的问题，”《60分钟》节目的斯科特·佩利解释道，“正是那些没有写下来的问题才更具启发性，能够揭示真相。真相不会在你按纸上第六个问题读出来时被揭晓，而是在你针对第六个问题提出第三个跟进问题时突然被揭晓的。”

佩利说他在观察迈克采访时学到的最关键的技能就是提出有意义

的跟进问题。“一系列将受访者不断逼向墙角的问题最终能让对方回答原本不想回答的问题。这正是迈克在电视访谈中首创的。”佩利说，“那次就折磨问题采访（前 CIA 主管）乔治·特尼特（George Tenet），就是个好例子。还有就（伊朗总统）艾哈迈迪-内贾德有没有研制核武器而采访他的那次，也是此类例子。这就是出击和防卫——其实更像下象棋而不是击剑。因为这是一系列阻挡对方的行动，阻止对方躲避问题，你阻挡他们，阻挡、阻挡，直至最后一个问题，他们放弃了，给出答案。尽管不总有效，但那就是我观看迈克采访的原因，因为那是我所学到的。”

这就是为什么仔细倾听你们的采访对象至关重要。贝丝回忆起一次观看她认识的一名莫斯科记者在电视节目上采访一位政要，但他却似乎完全没在听对方说什么。这名记者膝上摆着写有一串问题的纸，只是这么顺着读下来。因为他根本没有听，因此无法问出有意义的跟进问题，这场采访也因而平淡无奇，索然无味。

一边做记录一边构想下一个问题时很难集中精神听对方讲话。这需要练习。但如果你不倾听，就会毁了一场采访。“我觉得在年轻的记者和制片人中有这样一种倾向，他们列出一串问题，然后说：‘我要问一、二、三、四、五、六、七，’”罗斯·米切尔描述道，“其中的危险在于，或许在第二个问题时，受访者说：‘我昨天开枪杀了我妈。’而你接着说：‘那真好。下面跟我们说说你新拍的电影吧。’”切记，你的提问单仅仅是个起点。

有时，最好的问题甚至都算不上是个问题。就拿迈克来说，一个问题可能就是那么一个眼神，一个表达“真的吗”的眼神。《60 分钟》节目的艾德·布莱德利同样以善于使用肢体语言表达对对方话语的怀疑而闻名。仅仅是抬个眉毛或是挠挠头。再强调一次，这是一项几乎人人都能培养出来的技能。

采访中的威慑

报纸记者常问愚蠢的问题。

他们抬头看到了太阳，却问天是否晴朗。

——索尼·利斯顿（Sonny Liston），拳手

记者有时很容易便忘记，接受采访可能是件挺令人畏惧的经历，尤其是对那些不常与记者打交道的人而言。即便是惯于与记者交谈的人，在与以犀利著称的记者面对面时，内心也可能感到害怕。有个玩笑是这么说的，这世上最具威慑力的八个字就是：迈克·华莱士要见你。“人们有时害怕与我交谈，”迈克自己承认，“人们不想给我这个机会。为什么？因为我有不诚实的坏名声？我不这么看。但可能有时我很难缠，会对着干。”整体而言，记者威慑到采访对象时有得有失。压力之下有些人说得更多，有些人则完全闭口不谈了。

为什么有些记者特别有威慑力？有时是因为这名记者的举止态度粗暴冷淡。有时是因为这位记者没有得到真正诚实的答案，因而不断给受访者施压。“如果你是个优秀的采访者，你知道怎样让你提问的对象变得脆弱，因为你对他或她以及整个状况太了解了，以至于瓦解了所有礼节。”迈克解释道。在1993年对意大利歌剧明星鲁契亚诺·帕瓦罗蒂（Luciano Pavarotti）的一次采访中，迈克用他的犀利刺破了帕瓦罗蒂的保护壳。为了达到这个目的，迈克提到了所有围绕帕瓦罗蒂的批评。“他们说他的声音越来越差了，他太胖了，他很懒，他

的嗓子破了，他被人喝倒彩，”迈克回忆道，“然后我问，‘你在害怕什么？是不是你职业生涯的终结就要来了，因为你的嗓子达不到以前的水平了？你在罗马唱《唐·卡洛》（*Don Carlo*）时嗓子破了，听现场的人喝你的倒彩。’然后他说：‘当然，他们是对的。’”帕瓦罗蒂接着谈了他的恐惧和走下坡路的一面——在迈克的压力之下投降了，显露出他脆弱的一面，也制造了一场令人难忘的报道。

还有些时候，受访者试图威吓采访者。财大气粗的权贵人士最有可能这么做，但其实几乎每个人都可能这么做。一位大学校长可能让学生记者等上很长一段时间来试图威吓到他们，或者公司总裁在宽大又气派的办公室接受采访以达到同样的目的。迈克记得伊朗总统艾哈迈迪-内贾德在一次采访中试图用拖延时间让他久等的方式威慑他。“我们当时在德黑兰的一间酒店套房里，已经等了很长时间，开始觉得有些无聊了。艾哈迈迪-内贾德之前去了马来西亚与其他一些穆斯林领导谈话。我们对自己被搁在这里有些生气。”迈克回忆道。迈克、制片人罗伯特·安德森以及整个摄制团队等了又等。艾哈迈迪-内贾德从马来西亚回来了，但仍然没有丝毫开始访问的迹象。“我们当时猜想整间房间应该被德黑兰当局窃听了，所以我记得我本能地开始‘对着大吊灯说话’。”迈克继续说。“对着大吊灯说话”是始于冷战时代的旧把戏，指的是当你确定自己的房间被窃听后开始对着墙说话，以这样的方式和当地政府交流。“我们的签证三四天后就要到期了，所以我想我们最好订好回纽约的飞机票。”这一招奏效了。“半个小时后，消息传来，他愿意接受我们的采访。”迈克解释道。

有时受访者的助理或者代理人会试图威吓记者。特别是当选的官员之类的人，可能会有新闻秘书或个人助理在采访前找记者谈话，试图影响记者的提问。“哦，不，别问她那个。”这个新闻秘书可能会这么说，或者建议，“她不会回答有关这个话题的任何问题。”这些讨论会将记者置于艰难的处境。记者往往带着一些新闻信息来交谈，而一旦这些新闻具有争议性，那么这些助理将会尽最大努力不让记者获得他们想要得到的最关键信息。遇到这种情况，你需要礼貌而坚定。试着解释你的工作就是要提问，而采访对象——不是代理人——才是决定是否需要回答的那个人。

采访变得糟糕时

对我而言，每次采访都要有些对垒的味道，即便你很喜欢这位艺术家。这不是说你要攻击这个人，但你确实应该持这样的态度：要试图获得些之前从未披露的信息。

——恰克·克罗斯特曼（Chuck Klosterman），记者、作者

当一场采访开头很糟糕时，有时很难好转。2005年，迈克为《60分钟》节目采访俄罗斯总统弗拉基米尔·普京时就是这样的情况。采访定在莫斯科西郊普京的总统府。原定于中午开始，因此摄制组在清早便出发前往新奥加列沃官邸。就在迈克、贝丝以及制片人罗伯特·安德森在接近约定的采访时间到达府邸时，我们看见普京的车队出了大门驶往莫斯科。“这不是个好信号。”安德森说。他说对了。普京最后现身采访时已近下午五点。而在同声传译设备架好到总统抵达这之间的五个小时中，机器的某个地方坏了。当迈克坐在椅子上开始和普京聊天时，他听不见普京回答的英语翻译。俄罗斯人花了近十分钟才找到问题所在（对迈克来说，幸运的是，架设设备的是普京的人而不是CBS新闻的员工）。在那段时间中，普京的不耐烦显而易见。迈克觉得很尴尬，尽管这不是他的错。这之后，迈克花了不少时间才重新建立起采访的节奏。采访最终还挺顺利，但这是因为整场采访持续了两个多小时，给了迈克从极度糟糕的开头中恢复过来的机会。

有时，人们坐下来接受采访是因为他们不得不这样做，而不是因为他们特别想这么做。在这种情况下，人们可能因为不得不开口而满怀不悦，这样就很难让他们开诚布公地交谈。鲍里斯·叶利钦 2000 年下台后不太愿意接受《60 分钟》采访，但我们被告知他必须坐下来接受一次美国电视台的访问，因为他的书《午夜日记》（*Midnight Diaries*）刚刚出版。这个访谈机会到了迈克手上。原本的计划是迈克采访叶利钦后两人乘坐高尔夫球车绕叶利钦府邸转一圈。但最后并没有实现原定计划。采访刚进行到差不多一个小时时，叶利钦就说："到此为止了。"转身便离开。我们怀疑叶利钦按合同要求必须接受一小时的采访，他于是决定时间一到就立刻走人。

采访过程中，迈克尝试了各种方法去赢得叶利钦的欢心。他记得他用了奉承的方法，告诉叶利钦，"能坐下来和曾经的历史推动者、撼动者交谈十分荣幸，也很愉快。"其中一次，迈克试图和叶利钦开玩笑，称他为"一个可爱的年轻人"。但没有一招是成功的。之后，叶利钦在采访进行到半个小时的时候差点还因为他的翻译的一个错误而离开采访现场。当时，由俄罗斯为叶利钦配备的翻译将迈克的问题译成俄文，而一位 CBS 新闻的翻译将叶利钦的回答译成英文。迈克问叶利钦他是不是"厚脸皮"，其实是不怕批评的意思。但叶利钦的翻译把这句话译错了——完全按字面意思，而不是比喻意义——问叶利钦他是不是跟头河马似的！叶利钦明显动了气，他说要么是翻译出了错，要么是这问题太不得当，他要离开。尽管最终事情弄明白了，但对于改善整个气氛却于事无补。采访进行得颇为艰难，迈克对叶利钦的印象也平平。"说真的，我觉得他完全没有想象中有意思，"迈克说，"很难真把他当一回事。"

对于采访者而言，最难得的一件事就是让一个勉强接受采访，或者老是给出简短无意义回答的受访者真正开口说话。迈克在他一次最著名的访谈中就面临这样的情况——采访克林特·希尔（Clint Hill）的那次，他是肯尼迪总统被射杀时距离他仅几步之遥的特工。希尔因为肯尼迪被刺杀深感内疚，痛苦不已，在1975年同意接受迈克的采访，但在采访开始时的一个小时左右他对提问回答得完全无关痛痒。迈克叫停了访谈，几乎冲希尔吼起来，指责他要花腔，没有诚实地回答。这之后，希尔振作起来，开始吐露心事，完全释放出自1963年那不幸的一天起就压抑在心里的情绪。这不仅让整场节目引人入胜，希尔说这也是他心灵愈合的开始，可能救了他的命。

遇到这种情况应该怎么做？假如你是如迈克一样经验老到的记者，你或许能来硬的。“比如对方的回答总是一两个字，然后你说：‘得了吧。’意思就是：‘别废话了，得了吧，饶了我。’”迈克说，“你不是在软化他们——你是要求他们成为采访者的同党。”对于年轻记者而言，当信息获得不流畅时，一个更好的策略就是直截了当地让受访者说得更多、更详细些。向对方解释你需要里里外外、彻彻底底地了解整件事，让他们做出更详细的描述。一个聪明的年轻记者能学着以谦卑的态度做到这一点，从而得到受访者的帮助。而且，如果你的问题显示出你是做了功课的，便很有可能让一个勉强的受访者敞开心怀交谈。

你还应当知道有人对你撒谎时该怎么做。尽管这种情况很少，但的确会发生。“我很肯定那个俄罗斯官员对我撒了谎，”贝丝说，“当时我们正报道美国孩子被绑架的事，一些美国官员告诉我们有人已将此事的来龙去脉详细告诉了他，因为这事发生在他的辖区内。因此这名俄罗斯官员再次举行新闻发布会时，我就询问他这一案件，而他竟然说他对此一无所知，令我十分震惊。‘但美国人说已经告诉过你了。’我说。‘不，他们没有。’这名官员一口否认。之后我回到美国官员那里，他们说这个人在撒谎。但你又能做什么呢？”对于记者而言，你的话与其他人有出入时总是很难处理的——尤其是如果对方还是个政府官员。你得有确凿的证据，才能在报刊或电视上说某人对你撒了谎——而那些证据通常很难得到。如果某个人撒谎了，记录下那个谎言是你作为一名记者的职责。但如果那个人并没有撒谎，证实并澄清这一点也是你的职责。

假如你因为手头的什么信息而对受访者的话产生怀疑，那么就在采访中提出来。态度礼貌，陈述事实。通常可以说："你确定吗？因为早些时候你不是这样说的。"然后引用信息。或者说出另一个与受访者所述相左的人的话。你需要避免的是直截了当地声称："你在撒谎。"相反，你应当问："观众怎样才能相信你在说实话？"这是又一个经验能帮上忙的地方。如果你已经在这一领域报道了相当长一段时间，并且很了解采访对象，那么你更有可能在对方没有完全说出事实时指出来。

当你的采访对象生气了

我们在许多采访中遇到受访者彻底被激怒的情况。经验丰富的记者明白对方生气或发怒其实并非没有好处。"有时一个人生气了还挺好的，因为有时这就意味着你要得到真相了，有时对方就会毫不掩饰地表现出点儿什么来。"迈克说。

在报刊中，愤怒很难被捕捉到。但愤怒的发泄却能给文章带来好处，带给你之前没有的信息，比如人们在愤怒中泄露的真相，或者你因此对此人性格有了新的认识。要抓住情绪上的宣泄，你要在文章中大量引用发怒者的言语，准确地记录你的受访者说了什么话。你也可以在文中引用你的问题，如果这样能帮助人们理解受访者为何如此反应的话。

怒火在电视采访中的表现效果的确要比在纸面访谈中好，因为视听媒介更善于捕捉情绪。就拿迈克 1991 年采访女演员芭芭拉·史翠珊的那次采访来说。迈克自 20 世纪 50 年代起她刚出道时便认识她了。史翠珊认为，这给了华莱士不公平的优势。“采访前我和她母亲交谈过，她母亲告诉我：‘嘿，芭芭拉对任何人都没有时间。’当我对芭芭拉提起这件事时，她立刻问：‘她是说对任何人还是对她？’我说：‘不，她说对任何人都没有时间。基本上她就是个自私且以自我为中心的人。有些人会觉得她自我迷恋。’”迈克回忆说，“当我说出那句话时，你可以从她脸上看出她有多生气。然后突然间，她开始哭了。”片尾，为了维护自己的信誉，迈克收录了史翠珊是如何因为这个问题而发怒的片段，以及她怎样指责他使用不公平的手段。因为史翠珊发了脾气，这期节目极有热度，但也为人们带来了光，因为迈克深入挖掘了她的性格。

克里斯·华莱士在这一方面酷似他的老爹，采访中有人发怒时他会说：“真是太好了。”“首先，这是娱乐节目。能爆出轰动新闻。让人们谈论。他们自己暴露出自己的性格。我的感觉是，你不想让他们骑在你头上，但你得让他们发泄。我的意思是，那通常挺有趣的。”举个例子，他有一次为《福克斯周日新闻》采访比尔·克林顿，采访中，这位前总统真的大发雷霆了。“可以想象，你在福克斯工作，很难让他接受访谈。”克里斯解释道。但前总统是来讨论他的慈善组织“克林顿全球倡议”（Clinton Global Initiative）的。采访开始后几分钟，华莱士问克林顿在任职期间为什么没有更努力地抵抗基地组织以及本·拉登。“然后他就发作了，”华莱士说，“我甚至不觉得这是个有争议性的问题。对于他的爆发和怒火，我很震惊。他的脸全涨红了，开始指责我，就像面对莫妮卡·莱温斯基事件时那样。”随后，华莱士和克林顿开始了一场极具争议的讨论。“我倾尽全力想要杀死他，”克林顿开始说本·拉登，“我就快杀死他了，在这一点上，我比其他任何人都更接近成功。并且如果我还是总统，我们会有比现在多两万人的军队驻扎在那里刺杀他。”随着这场讨论越来越激烈，华莱士开始仔细考虑应该怎样利用克林顿的爆发。“最终，在他一直说福克斯怎么怎么不公平，以及‘你们不会对共和党人提这些问题’时，我开口辩护了。”这场采访成了全美各地报纸的头版头条，这让华莱士很开心。“我对自己说，‘我他妈的真是得到了一则好新闻。没人见过克林顿在公众场合如此表现过。’”但他也知道将有很长一段时间不能找克林顿做另一场采访了。

如果受访者怒气冲天以至于离开了采访现场，你会怎么做？不论你相信与否，在本书中我们采访到的记者身上，以及我们自己身上，这样的事情很少发生，无论我们如何逼压我们的采访对象。如果这样的情况真的发生了，你只能祈祷这发生在你已将大部分访谈都做完了之后。“伯特·兰卡斯特（Burt Lancaster）有一次就离开了现场，因为我正在问他有关他自己脾气的问题。这太棒了！”迈克回忆道，“我清晰地记得在进演播厅前与他并排站在便池前，我意识到他很容易发怒。所以当我们一起站在那里时，我问是否有些问题他希望我最好不要问。他说：‘没有，你可以随便问。’因此在采访时，我问到了他的脾气，以及有一次他乘坐飞机时因交谈中的不愉快将邻座锁在一架横渡大西洋的飞机上。”这类事情在电视上看起来很精彩，但也彻底断了后路。不出意外，伯顿·兰卡斯特此后再也没有接受过迈克的采访。

第四章　文字：打造精彩的报刊文章

文字同时具有毁灭和治愈的力量。当文字真实又善良时，它们可以改变我们的世界。

——佛家偈语

将一大堆原材料慢慢雕琢成一篇报道或许就是新闻工作最艰难的部分了。这当然也是最难教授的一部分，因为所有的规则把你带到这里后就没用了。说到底，每一篇报道都是独一无二的，这也意味着，每一篇报道都需要以独一无二的方式写就。

尽管如此，每种独特的方法背后总还有些基本的法则和技巧，对几乎每一篇报道都适用。如果你在写每篇报道时都能留心这些基本法则，那么你搭建的故事就有了一个好的开始。这些法则就是我们将在本章及下一章中要说明的内容。

需要达到的标准

选题、调研和采访这一系列行动的最终目的在于写出一篇准确又有意义的报道。无论你写作的媒介是什么，以下是你在写作中应当达到的五个标准。

你是否做到了准确？

对于所有记者而言，准确是一切的前提。如果你写出的信息不准确，你便损害了自己和自己所属机构的名誉。当然，准确首先就是要将基本事实弄对，但也有更多其他的意味。你有没有合理地搭建这篇报道？上下文是否与陈列的事实相符？真正优秀的记者将信息拼接起来，在头脑中构成事件的全貌，然后测试这一假设的图景，确保其百分之百没错。记者如果想要保证准确性，就绝不能懒惰自满，或眼界闭塞。准确是用勤奋努力换来的。

互联网诞生后，只要你用以核查信息的网站是可靠的，复核事实变得快捷简单。（通常来说，比起诸如维基百科这样由用户生成资料的网站，借助口碑良好的刊物或一手资料做复核会更好，因为前者提供的信息有时会有错误。）当然，计算机还能让记者更方便地组织笔记，并记录研究过程。“我现在把几乎所有的文件都存在了电子设备上，”《洛杉矶时报》记者金·墨菲写道，“我所有的笔记都做在笔记本电脑上（上哪儿我都带着它，除了那些实在不便的地方）。我电脑里存着电邮、报告、新闻片段、来自网上的信息、照片，甚至还有从书上扫描来的相关信息。（这样，有关一篇报道所有的材料都可以存在同一个文件夹内，最后刻录成 CD 以便长期保存。）”她同时还在电脑上为每篇故事都创建了一个记录大部分重要信息的文件，存放事实、想法、引语，以及所有信息的来源。“一旦我开始写作，这个文件就变得无比重要，”墨菲解释道，“我不再需要四处搜索数字、日期和地点等内容，因为都已经在那里了。”

你是否考虑了相关性？

你选用的事实必须与你手头正在写的新闻故事相关，也必须与你大部分的读者相关。这并不总是容易做到的，尤其在时间紧迫赶着交稿时。要保持报道的相关性，记者必须在筛选收集来的成堆材料时清楚明白地知道自己报道的焦点在哪里。在你开始写作前，用六个词（six-word）来总结你的报道究竟是关于什么的，这一招通常很有效，也能帮助你发现你文中的哪部分相关度最高。我们将在后文详细讨论这个六词总结。

你做到公正了吗？

正如我们在第一章中提到的，公正要从两方面来说。首先，你要对你引用其话语的人做到公正。这意味着你必须正确并准确地引用别人的话，你用的引语能够代表他们的意见。第二，你报道新闻的方式必须公正。这意味着你的报道必须平衡，反映出事件的各个方面。赫斯特国际集团（Hearst Corporation）的总顾问伊娃·巴顿（Eve Burton）指出，平衡持正的报道不仅事关道德，也是避免官司的关键所在。“如果不是那种立刻能辨明对错的事情，你总想要弄清事件的两面，”她说，“这些年来，仅仅因为有人不给事件另一面的人打电话而需要我打官司的案例多到让你吃惊。”她说记者常常寻找各种借口避开追踪事件的另一面——有时这会导致灾难性的后果。

你的逻辑是否清晰？

一则好的报道，无论是报刊的还是广播电视的，其段与段之间的推进都应合情合理。如果做不到这一点，读者或观众就会感到困惑，觉得这篇报道不知所云。以下我们将探讨搭建新闻文章的具体技巧，其中包括知名的倒金字塔结构。但我们发现要写出一篇逻辑清晰的文章，第一步在于动笔之前花时间好好组织材料。筛选所有的信息，选取你心里有底的事实。写下你想说明的要点和想使用的引语。这不仅能使写作更容易，也有助于确保你能在报道中用上最好的素材。“我会列一张单子——列出所有我想在报道中涉及的要点，”墨菲解释说，“也就是那些我希望确保不会遗漏的事件，可能是‘另一方的说辞’，或者特别好的引语，或是一个我知道可以嵌入某处的场景，只是刚开始写的时候不一定确知该用在哪里。”你绝不希望文章写出来后，自己读的时候发现漏掉了最有趣的引语，或是最关键的事实。

你将想要说明的点和引语都列出来后，就该好好思考如何最好地呈现它们。每位记者都有各自的方法，我们建议你可以这样开始：为你的报道写一份详细的大纲，一个点一个点地列清楚，写明每个段落会怎样发展。然后核查你的逻辑。假如你对报道的内容所知甚少，那么这一大纲说明白了吗？最基本的事实是否摆在了最前头？人物的出场是否合理？上下文是否清楚？文章写完以后再重复一遍这一核查过程，确保你文中各事实的编排能让一个普通读者跟上。

你的语言风格合适吗？

要做一名优秀的记者，无论你服务于何种媒介，都要训练自己成为语言大师。这并不是说你的文字要浮夸花哨，而是要“精准”。一个词，仅仅一个词，就能将一篇不错的文章变得优异——如果那个词正好是恰当的。这意味着你必须十二万分小心地选择你的措辞。大部分人都不习惯于彻底全面地思考他们所用字词的意义，但恰恰只有这样才能用词精准。贝丝唯一一则获得艾美奖（Emmy Award）的报道就是与理查德·罗斯（Richard Roth）合作的，后者是CBS新闻的老记者，也是贝丝共事过的顶级的语言大师。“理查德写文章时，似乎翻遍了整本字典，在每个地方都要找到最完美的词。”她解释道，“他的形容词用得很准，动词又恰到好处地做出了描述。他初稿中的每一个用词似乎都是从所有英语词汇中精挑细选出来的。”幸运的是，诸如在线同义词词典这样的新工具使得非一流的作者也能方便地找到那个对的词。

赶稿期写作

有些记者邻近截稿日期越战越勇，另一些则痛恨被迫写作带来的压力。比起从前，如今24小时的新闻周期，加上时不时要发些新鲜文章到互联网上的需求，使记者面临更大的压力，要在短时间内快速产出大量报道。其中诀窍当然就在于学会如何在不损害准确性和平衡度的情况下快速写作。“仓促写作时，我不会用那些自己不是百分之百确定的材料，即便用上以后可能会给文章添彩。”金·墨菲解释道，“我不会只报道故事的一面而忽略了另一面。假如我没有时间给另一面打电话（或者他们没有及时回复我的电话），我就会寻找他们以前说过的可能会帮助解释故事另一面的话，那也就是他们有机会时可能会说的话。”

从前，报纸记者每天发一次新闻。现在，即便实体报纸每天仍只出一份，报纸的网站却需要时时更新。因此在时间紧迫之际做到精确变得更重要。“在当今的新闻环境下，你不时要面对网站或博客等带来的截稿压力，这是记者所面临的最大挑战之一。”墨菲说，“但因为想碰碰运气而最终犯了错就实在太糟了。”

因此，我们在下面给出一些赶稿期写作的建议，适用于所有媒体写作。

首先，写一篇“最短的”报道。写下最基本的事实——何人、何事、何地、何时、何故及怎样，加上“那又如何?”以及“然后呢?”。

其次，最大化“扩写”你的故事，尽最大努力在剩余时间内加上更多细节，援引他人的话，并修改行文。

强迫你自己去写，即便你不太满意你写的内容。一旦你在纸上写下了点什么，你就可以编辑并改进你所写的。

通常，写出一篇三流报道都要好过错过截稿日期。人们在没有彻底搞定一件事以前很难放开手去做，但截稿日期和完美主义不能混同。如果你已经写下了准确的基本事实，一般交出些什么总比什么也不交要好。编辑们都讨厌在最后一分钟心急火燎地翻找资料，并且所有报刊都更情愿登一篇匆匆写就的及时新闻，而非完全错失报道。

选择焦点

> 你明白的，一切都在于讲故事。这就是新闻的全部。
>
> ——汤姆·布洛克，记者、作者

我们之前提到过，每篇报道，无论是出自报刊还是电视，通常都是以大纲开始，即便它只存在于你的脑海中。大纲能帮助你整理报道逻辑，这没错，而且它还可以极大地帮助你找到报道的焦点所在。

有时一篇报道十分短小或直接，不存在焦点的问题。但通常，当报道稍长或更为复杂时，便有几种不同的方法去塑造它。比如，2005年，迈克采访俄罗斯总统普京时，报道的焦点就可以放在多处——普京的成就、他的失败、他和美国的关系等。迈克觉得所有这些方面已经有太多文章了，他因此选择将焦点放在普京是怎样一个人上。他用普京自己及其家人的照片引起他的兴趣，使他开口说话。当报道有许多种可能的走向时，选择焦点往往是最难的。

我们非常欣赏波恩特学院（Poynter Institute）写作讲师齐普·斯坎兰（Chip Scanlan）开发的一套方法。他建议问五个问题以帮助找到一篇报道的焦点。我们经他同意，将这五个问题列于此处。

新闻是什么？告诉你的读者或观众什么是新的、是重要的。

故事是什么？这与“新闻是什么”不同。新闻是事件本身；故事是你报道这件事情所选取的角度。你选择讲一个什么故事？

形象是什么？ 指关于这个故事的照片或者影像中最令人难忘的形象。

怎样用六个词来叙述？ 将一整个故事压缩到六个词是帮助你找到焦点的好方法。虽然困难，但很有用。

那又如何？ 正如我们在第二章中所指出的，说明你的读者或观众为什么要在乎，这也能帮助你找到正确的焦点。

要想知道这个方法是怎样起作用的，可以就想象一下你正在报道一场发生在当地邮局的火灾。政府部门及时控制住了火势，因此没有人受伤——但烧毁了十个大邮筒。你已经采访过一些人，也见到了消防员灭火。现在，在坐下来写报道之前，你得找到文章的焦点。以下展示的是斯坎兰的方法可以如何帮到你。

新闻是什么？ 一场大火对当地邮局造成损害，所幸无人受伤。

故事是什么？ 成千上万当地居民的邮件被毁。

形象是什么？ 邮政员工抱着一个个装着半焚毁信件的箱子，箱子还滴着灭火用的水。

怎样用六个词来叙述？ 邮局/大火/导致/当地/信件/混乱。①

那又如何？ 成千上万的居民不得不弄清大火到底烧毁了哪些邮件。

现在你可以接着报道何人、何事、何地、何时、何故、怎样、那又如何及然后，最终形成的新闻报道不仅报道大火本身，还着重描述火灾对当地社区造成的影响。显然，假如大火造成了致命后果，或者邮局被焚为平地，故事的焦点又会不一样了。几乎每篇新闻都有不止

① 英语原文为 six words，即英语中的六个单词。此处译者试用六个中文词语表达。

一个可能的焦点，一百个不同的记者在报道同一个事件时，可以写出一百篇不同的报道。这就是新闻这一行业乐趣无穷的所在。

对记者来说，另一个可以确定文章焦点的方法就是想象自己正在对另一个人述说整件事——父亲或母亲，妻子或丈夫，朋友或同事。贝丝常常建议她的学生在电脑前坐下写文章前，把整件事说给他们的室友听。每个人都有种与生俱来的讲故事的方法，如果你能利用你讲故事时的直觉方式，或许会很有帮助。

写硬新闻的基本点

总是要在第一段就掐住读者的喉咙，在第二段把手指插入他的气管，直到最后一句话把他钉在墙上。

——保罗·欧尼尔（Paul O'Neil），作家

我们现在要开始专门讲怎样写报刊文章，就从怎样写一则基本的新闻开始。硬新闻的经典结构被称为“倒金字塔结构”。在倒金字塔中，信息按从最重要的到最不重要的顺序安排。想象一下一个倒置的三角形，最重要的信息放在最上面，次要的居第二，依此类推，你便会明白这一结构的名字原来如此。这种结构意味着各个事实并不一定按时间顺序展开。倒金字塔结构要求记者自己判断他们的读者需要知道什么，然后安排事实铺陈的顺序，不断加入背景信息，这样读者就能知道发生了什么。不过，按倒金字塔结构写成的文章也应当从头至尾逻辑清晰。

这种写作风格被广泛应用于报纸、新闻类杂志、电讯稿以及网络硬新闻，也适用于各类媒介报道的各种事——新闻、体育、娱乐或商务。一代又一代的记者用这一方式记录了世界上的各类事件。

美联社体育记者罗恩·布鲁姆在大部分突发新闻中都使用了倒金字塔结构，并且每次有新信息更新报道时他都会调整金字塔的内容。“最重要的信息出现在最初的文章版本中，可用于许多媒介：电视、网络以及纸媒。”他解释道，“之后的版本，尤其是那些为报纸写的，

会有更多的角度和细节，有时还有前瞻性。”新的信息可以放在倒金字塔的顶部或者中间，取决于这一信息对整个报道的影响。

倒金字塔的结构节省了读者的时间，因为他们可以直接阅读新闻的开头；也让编辑的日子更好过，因为假如一篇文章太长而版面空间不够，他们可以直接从末尾开始删，并且肯定自己只是略去了最不重要的信息。倒金字塔结构非常适合如今大部分人在电脑上阅读新闻的方式。今天的人们通常不会一路读完整篇文章——他们可能仅仅读一下开头几屏重要的信息。因此文章开头包含关键事实比过往任何时候都更重要，这也是倒金字塔结构的作用所在。

每篇报道——硬新闻或其他——都由导语开始（lede 或 lead）。导语指报刊及广播电视新闻的开头一两句。在硬新闻中，导语说出了最重要的信息。要决定文章第一段写什么，你就要回到我们刚才谈焦点的那部分。问问自己，“那又如何？我为什么要在意？”比方说你在写某个商店的抢劫案。这是系列案件中的一桩吗？有人被杀了吗？布拉德·皮特是受害者吗？所有这些都会影响到导语写什么。

在本章稍后，我们将讨论如何写出引人入胜的导语，但眼下要记住的最重要的一点就是，导语是用来传递新闻精髓的，它们要能抓住读者的注意力。想象一下：假如你家着火了，你不会给消防局打电话说：“是这样的，我刚刚正坐在家里看电视，然后我闻到了什么味道，然后我发现味道似乎越来越糟糕，然后……”你会直接叫喊：“着火了！”倒金字塔式的硬新闻导语正是如此。直击要点，抓住人们的注意力。

整篇倒金字塔结构的报道应该涉及新闻所有的基本问题——五个 W 和一个 H，加上“那又如何？”及“然后呢？”。显然导语不能涵盖所有这些信息，但也要收录足够的信息，这样人们才会知道这篇报道是关于什么的。所以问问自己什么是这篇故事中至关重要的。假如某人只读了你报道的头一句，你想让他知道什么？或许你的导语有何人、何事及何故。或者是何事、何时和怎样。这都取决于故事本身。

搭建故事

写完导语后的一步是要搭建全文前半部分，继续呈现与读者最相关的信息，同时保持住他们的阅读兴趣。毕竟，如今的新闻消费者被各种信息轰炸，记者们不得不争相吸引他们的注意力。关键就在于确保文章开头亮出了最重要的信息。“我至少两次从头至尾彻底阅读我的笔记，有时读三次，第一次改正一些错误，接着几次就要找出五样最好的事。”一直以来都为报刊写作的安东尼·拉米雷斯告诉我们，“我会确保这五样最好的事在文章最开头的百分之十就被提及了。”记住这“五样最好的事”的建议。我们将在下一章讨论广播电视新闻时再回到这一点。

另一个构建报刊文章的有用方法来自前报刊记者及编辑尼尔·霍普（Neil Hopp），他如今在中央密歇根大学（Central Michigan University）指导学生新闻刊物制作。经他授权，我们将这一方法列于此处。

尼尔·霍普的“首五点要素”方案

一则有效的导语。焦点明确、简短易记。

一个扩写导语的段落。

一个继续**阐述细节**的段落。

核心段落。以更广的思路阐述这一事件，给出背景信息，或告诉读者为什么这一故事是重要的。

有力的引语。有趣的引语，能推动意义的传达，而不是只为填版甚或阻碍文章发展的虚浮引语。

霍普是20世纪90年代中期在一家报纸任写作指导时形成这一“首五点要素”理论的。“这是写作的常识性方法，”霍普说，“不论一名记者是在报道突发性新闻还是在运用技巧讲故事，这一方法都能清晰而简洁地为一篇新闻开头。它即刻向读者传达了这是一则什么故事，包括视角及来自权威的‘声音’。我常常教导新手记者：‘如果你不能从一开头就牢牢抓住读者，就别指望他们会读完你的文章。’”

这一方法在发展故事时灵活性很强。如果你使用这一方法，导语显然是最先出现的。其余四个要素基本可以任意排序。翻开一份报纸，通常都能在版面上找到这一“首五点要素”原则的各种排列组合。你可能先读到导语，然后是有力的引语，接着是更多围绕导语的细节。也可能在导语之后读到了信息的扩写，然后是核心段落。根据报道的不同，可以有不同的方式来使用这一方法，但它一定能奏效。

还有很多方法可以构建有意义的报道。比如，甘尼特报团（Gannett Newspaper）有一个方法，指定文章首五段要涉及四个方面：新闻、作用、背景以及人类影响。这是一种不同的方式，但也是很好的建议。

故事发展

使用“首五点要素”能让你写出一篇精彩文章的大半部分。但接下来呢？到了回倒金字塔结构的时候了。你要将剩余信息由重要到次要排列出来。确保前一段自然过渡到后一段。就像拼图：一片一片要正确地排列，互相咬合。记住，这不是一篇“随笔”，也不是“课堂作业”。报刊文章读上去就应该像报刊文章，新闻信息摆在最前面，往下才是细节和背景。要确保你提供了足够多的背景信息，让一个普通读者也能明白你报道的意义和语境。然后再读一遍你写的文章，试着判断是否一个对此事一无所知的人都能跟上你的文章。想象一个你认识的人在读这篇报道，这可能很有帮助。如果你认为普通读者无法理解某些地方，那就多加一些细节，或者修改你的段落，让它们的意思更明白。

最后，想象一下，如果你的编辑砍掉你文章的最后几段会怎样。那里是否有些东西读者一定需要知道？那就把它们“往上移”——靠近报道的开头。如果你不确定自己的排序是否正确，不要担心，这就是为什么你还有一个编辑的原因。然后找一处逻辑清晰的地方或用合适的引语结束故事。新闻故事的结尾往往并不优雅，而是比较突然。

安东尼·拉米雷斯在《纽约时报》工作了近20年，他另给出了三条精彩建议，指导在邻近交稿期时该如何结束一篇报道的写作。“我在最后一稿中去掉所有形容词和副词，只在真正需要的时候才加回去。在金融报道或涉及数字的报道中，我一根手指指着文件中的数字，另一根手指指着电脑屏幕上我文章中的数字，确保两者吻合。在任何带负面影射的地方，我都会想象假如是自己的名字出现在那里会怎样。”

撰写特写新闻

硬新闻能吸引读者。特写新闻却能一路抓住读者。

——阿尔弗雷德·哈姆斯沃思（Alfred Harmsworth）

诺思克利夫子爵、报人

特写是报刊或新闻网站上不是用来报道突发新闻但却更具深度的报道。特写往往比新闻文章长很多，且与新闻故事不同，并不总涉及眼下正发生的事情。当然有一种被称为新闻特写，以一则新闻开始，然后由此延伸——不在于报道新闻本身，而是探索新闻的后果及影响。但一篇特写可能是不受时间限制的。翻开任何女性或男性杂志，或者当地报纸的周日杂志，你一定可以找到特写报道。就主题和风格而言，特写无所不包，包括人物特写、评论、调查报道，以及提供做什么或买什么建议的“服务性报道”。

特写在许多关键地方与新闻报道不同。不像新闻，报纸杂志上特写故事的人物通常更具人情味，也更能让读者保持长久的阅读兴趣。报道及撰写特写的时间通常长过新闻。也因为特写比新闻篇幅更长、更具深度，其给予作者使用语言和叙事方法的空间更大。他们不再运用倒金字塔结构。特写新闻的结构更接近通常意义上的故事，有开头、发展和结尾。

在特写中，你要展示的是人们正在做什么。许多精彩的特写都有偷窥式的特质，记者使你感到事情发生的时候你也在现场。一篇长特写可能有许多不同的场景，各种情节一一展开。在新闻报道中，你或许没有时间深入描绘真正发生了什么，但在特写中却可以做到——对于情节的描写正是令特写有力、有质感的关键。

与硬新闻不同，特写大部分的展开应当依靠情节和对话，而不是叙述。撰写特写的法则是“展示，而非讲述”。“新闻故事没有篇幅展开小说那样的长篇描述性段落。然而，添加一些小小的细节，加上些描述性词句和叙述性的场面，几乎能改善每一篇文章，使它们呈现出电影般的生活场景，”金·墨菲解释道。如墨菲这样的作者在任何适用的地方都使用情节而非叙述，详细描述某人如何做某事，而不仅仅是说她做了这件事。对于情节的着重才是让特写展开的要素。特写可以篇幅长一点，结构良好、注重情节则能防止文章游离散漫或者枯燥无味。

能将情节摆放得极为到位的一名记者是《纽约时报》通讯员克里斯托弗·奇弗斯（Christopher Chivers），同时他还为《君子》（*Esquire*）杂志和《田野与溪川》（*Field and Stream*）杂志撰稿。奇弗斯在美国海军服役后转行新闻业，之后两度获得普利策奖。当年的军事训练赋予了他一种独特的角度，后来被他带入他最精彩的报道中。奇弗斯的特长之一是与美军驻伊拉克和阿富汗的战士相处，通常是在远离主军事基地的狭小前哨战中。他会在某个地方待上几星期，写出的文章显示出炮火下的日常生活。他没有说：“我白天和哪个团一起出去巡逻了”——他向读者展示在这些军队中都发生了什么，就好像一个纪录片摄制者那样。这有利于写出引人入胜的报道。当奇弗斯走到战场上去时——通常是与摄影师泰勒·希克斯（Tyler Hicks）一起，他说自己有个壮志：展示士兵们的生活。“通常我们会安排住上几周，”奇弗斯解释道，“我们往往不太知道会发生什么，我们只是试着每日白天或夜间陪伴这些出勤的士兵们，直至结束。故事本身常常会自我说明。我们带着乐于接受的头脑出发，一起参与巡逻，并且仔细倾听。其实除了腾出大段时间并避免任何你事先可能抱有的先见之外，并没有什么秘密。此外，就是工作起来要像个样子，和士兵们并排走。”

怎样构建起一篇特写？像尼尔·霍普的“首五点要素”在这里不一定适用，因为你并不急着亮出你所有的信息。以下是针对特写报道更常规的做法。

特写的结构

逸事风格导语。此类导语通常以某人或某群人的故事，或是真实的生活经历开始，从某种程度上与整篇报道主题有关。导语挑起了一种冲突或提出了一个问题，尽管可能并没有真的告诉你这个故事是关于什么的。写逸事的关键在于吸引读者。

核心段落。同样，核心段落是概括全文精髓的段落。解释了文章想要说明的大趋势。如果以一则逸事开始，读者可能说：“好吧，这挺有意思。但意义在哪儿呢？你为什么要告诉我这个？真正的问题又在哪里？”这就是核心段落需要解释的。

故事发展。这是述说故事主要部分的地方。这里的叙述方式往往跟着时间线索，尽管并不是必须这样。但故事的发展也不是如倒金字塔结构那样从重要信息排到次要信息。

解答。一篇特写往往在结尾处回到开头。如果你在开头介绍了某些人物，那么就要解释在他们身上发生了什么。如果你问了一个问题，就必须要给出回答。如果你描述了一个争议性问题，就要解释它是怎样被解决的，或者为什么还没有被解决。

这一方法有很多用途，适用于各种特写。如果你不相信我们，就去看看任何一期《华尔街日报》，基本上一直在用这一结构。

如果你的报道选题够好，并且做足了调研以确定自己不仅仅是在写其他许多人已经写过的话题，那么这个方法就很管用。比如说，你在写一篇关于如何化眼妆的特写，你就得特别努力，加入些新鲜而不同的内容。这种情况下，你需要一个真实而个性强烈的人物来为你的文章带来新的见解。优秀的报道同样如此。

在特写中，将情节与背景穿插起来至关重要。这样能帮助读者理解发生了什么，其意义是什么，为什么这是重要的。“总体而言，篇幅较长的故事大多在主要的叙述（即文章主人公的故事）及透露更广阔图景的背景信息（事实）间转换，”调查记者迈克尔·布罗纳这样认为，“一篇有力量的文章应当在叙述和背景信息间切换得游刃有余，恰到好处。”但你不能做得太过头。“给一篇报道塞入太多事实或背景信息——抑或是叙述——从而破坏了这种互补的节奏，只能帮倒忙，因为你可能分散了读者的注意力，甚或彻底失去他们。”他解释道。把叙述话语和背景信息分作独立的两大块要比将它们穿插在一起容易得多，但是当你将两者穿插起来时，读者的阅读体验要好得多。

要保持你的特写重点清晰，试着将文章分为几个小部分。一篇特写可能按小标题被分作几个小单元，以使文章焦点清楚、结构合理。但要确保一个单元能顺畅地过渡到另一个单元。故事结尾处要做出解答。向读者说明你的人物身上发生了什么，假如还没有答案，那就解释为什么或者什么时候才会有。如果你能最大限度地坚持“展示，而非讲述”的黄金法则，你就可能写出令读者感兴趣的特写。

写出风格鲜明的导语

如果你没有在第一句话给读者留下深刻的印象，那就没有接着写第二句的必要。

——亚瑟·布赖斯本（Arthur Brisbane），报纸编辑

导语值得多花点时间斟酌，因为写出精彩的导语是一名记者能掌握的最重要的技能之一。对于广播电视和报刊来说都是如此。

事实上，记者在文章开头所花的时间与他们写作整篇文章的时间往往不成比例，因为一个好的开头能让接下来的部分更自然地流淌出来（第二难写的是结尾部分）。“正如千里之行始于足下，在我接着往下写之前把导语写好非常关键，”墨菲解释道，“实际上，假如文章的开头不好，我根本就没法写出一篇报道。”一个好的开头需要一下子就勾住读者的心，让他们继续读下去。一则好的导语能让读者接着读一个他们本不那么感兴趣的话题，而一则干巴巴的导语甚至会在故事还没展开前就阻止读者读下去。

导语可以精彩奇妙、引人入胜，而且令人难忘。想想世界上最伟大的文学作品，你会看到许多令人赞叹的导语。看看《圣经》：“起初，神创造天地。”或者读读查尔斯·狄更斯的《双城记》：“这是最好的时代，这是最坏的时代。”这些句子既新颖又引人入胜。你读到这些句子就想接着往下看会发生什么。这也是你希望自己的新闻导语能达到的效果。

我们已在本章中讨论过，导语分两种。第一种是硬新闻导语，直捣事件核心，也被称为“直接导语”。第二种导语你通常会在特写报道中看见，称为“间接导语”或者“延迟性导语”，因为它并不直接指向报道的中心。我们以前称之为“特写导语”，但现在不这么叫了，因为这种逸事类导语也越来越多地出现在硬新闻中。许多报纸都开始软化它们硬新闻的导语，使读者更有阅读兴趣。

让我们重新回到那篇有关当地邮局火灾的报道。撰写此新闻导语的方法有两种。

直接导语：周一，在一场安妮斯威乐中心邮局爆发的大火中，成千上万份邮件被毁，几百名当地居民丢失重要文件，引致混乱。

间接导语：安妮斯威乐的一名教师斯泰西·戈登正在等邮局寄来的工资以供下月的生活。但她的等待可能最终无果，因为本周一在中央邮局发生的火灾焚毁了上千份邮件。

直接导语径直进入情节。它挑起了新闻的重担。直接导语通常包含确切的信息：发生了什么、事情发生的时间和地点，以及消息的来源。指出消息来源能帮助读者辨别新闻是否可信。尽管就内容而言，这类开头十分直接，但也可以写得吸引人。试着找到一个有力的动词，或者精心挑选一个形容词，增加写作的力度——这就是你想为文章添彩所需做的全部。

尽管如今间接导语被越来越多地使用到硬新闻中，但其仍然最适合于特写。通常你不会在间接导语中读到太多五个 W 和一个 H 的信息，有时一个都读不到。间接导语的关键在于把读者吸引过来。如果一篇特写以一则间接导语比如逸事开始，你可能读完了开头后还是不知道这到底是关于什么的。但如果作者因此挑起了读者的兴趣，那么这个导语就成功了。新闻杂志喜欢这种延迟性导语。如果你浏览一下

《时代周刊》和《新闻周刊》等，会发现它们许多文章都是以这种方式开头的。

那么你如何选择使用哪种导语呢？特写一般都应该用间接导语，但在决定硬新闻导语时，现在已经没有绝对的规则了。“如果出现了突发新闻，我们会用硬新闻导语。而对于体育类报道，尤其是大型体育活动，我们更多地使用特写导语。”美联社记者罗恩·布鲁姆解释道。美联社甚至想出了一些独具创意的方式，让他们的用户选择使用哪种导语。“即便是用特写导语，我们也不想埋没新闻。有时我们在第一段创作一则特写导语，但只要用户愿意，就可以剪掉第一段，直接由第二段更硬一点的内容作为导语开始。”布鲁姆告诉我们。如果你不能肯定该用哪种导语，那就和你的编辑商量一下。某些编辑或某些新闻机构会偏向一类特定的导语。

创作导语

如何创作一则导语呢？要做到既创新又引人入胜真是很具挑战性。记者在报道时往往在脑中构思种种可能的导语，试着决定到底用哪一个，同时寻找能使导语新鲜有趣的材料。要写出好导语，关键在于打开思路。这是来自《纽约时报》顶级编辑的建议。“别太受故事本身限制，”比尔·凯勒（Bill Keller）说，“你要相信，这个故事可能完全走向意料之外的方向。尽管如此，大部分记者都会在脑中起草他们的导语，然后一整天都在改写或重新构思。”

记者总想寻找一个有逻辑的起点。“人们经常问我，但我却无法回答自己是怎样开头的。这就是个整理所有盘旋在你脑中的材料，然后看哪个旋涡可以发展起来的过程。它就这么自然地发生了。”金·墨菲说。她说有时在写特写时，她可能先构思核心段落，然后再回过头去思考开头。“你往往知道你的核心段落是怎样的，然后你得想出一种引人入胜的方式发展到那里。”她说。

在写直接导语时，你常从核心思想入手。发生了什么？如果你要对一个朋友叙述你正在写的这篇报道，你会怎样开始？尽管记者很少自己写文章标题，但为你的文章想一个可能的标题或许会有帮助。然后试试齐普·斯坎兰的方法，将你的报道浓缩到六个词。这通常就是导语了。但当你在一堆信息中筛选时，可能很难发现这一点。假设你在报道一次市政会议，会议上讨论了十件不同的事。决定将哪件事放入导语真的很难，尤其当你还是个新手记者时。有时，记者通过使用总结式导语避开这一问题，向读者解释会议上讨论了许多事情，然后按重要性高下逐一说明。也有时，他们向资深的同事或编辑求助。但无论你决定写什么，写出的直接导语都必须简短，然后试着再加一个词使其令人难忘。假如一句话太长了，就用两句话表述。

一旦决定了要传达什么，你就可以着手以独特的方式去表达了……但那需要努力和创造力。让我们来看一下以下这则摘自《财富》杂志的导语：

> 犹如一个芳华已逝的超模，“维多利亚的秘密”也开始渐露老态。

这则导语很巧妙。这不是传统的“谁对谁做了什么”式的导语，也是其为何有趣味的原因。再看看这则来自2001年《迈阿密先驱报》（*Miami Herald*）的导语，其中对比十分独特：

> 有关伊莲娜·冈萨雷斯监护权的官司已经历了五个月的对峙，渐成僵局，而联邦官员却花了不到三分钟就解决了它。

诸如这样的直接导语，既避免了习惯程式又使用了有力语言，不仅报道了新闻，还引起了读者的兴趣。

撰写延迟性导语则给了你更大的创作空间。看看这篇由朱莉娅·

凯勒（Julia Keller）所写的普利策获奖新闻《邪恶之风瞄准了目标》中的导语：

> 十秒钟。数数看：1，2，3，4，5，6，7，8，9，10。十秒钟差不多就是它持续的时间。没有人使用秒表，什么也不能完全肯定，但那是共识。4月20日下午6：09横扫尤蒂卡的这场龙卷风花了大约十秒钟就完成了任务。十秒钟不过是稍纵即逝，不过是一个深长呼吸的时间。它根本算不得什么，但却成了永恒。

从这段导语你大约能知道这是关于一场十秒钟龙卷风的报道，但也仅限于此。你还想读下去吗？我们想。

更多时候，你以一则逸事导语开始一篇特写。但不能随便选一个逸事——得与故事的主题相呼应，就像这篇艾米·多克瑟·马库斯（Amy Dockser Marcus）所写的普利策获奖文章《治疗肺癌的新办法：勇敢好斗》，此文是《华尔街日报》那一系列扣人心弦的抗癌事迹报道中的一篇：

> 2001年9月，42岁的洛丽·梦露被诊断患了晚期肺癌。
>
> 肿瘤医生告诉她和她丈夫，她的病况已无法接受手术，留给他们的选择不是一种治疗方法或另一种——而是还需不需要接受治疗。
>
> 身为护士的梦露女士惊呆了。一个月前，她花了三周在科罗拉多的山间徒步。她与女儿艾米丽和艾莉森刚滑完水回来，当时她们一个13岁，一个10岁。她觉得自己很健康，她看上去也很健康。但医生却说梦露女士已经什么也做不了了。

读完后，你是否知道这则故事是关于什么的？很清楚，这篇文章将围绕无法接受手术的癌症病人，但你却不知道他们将会放弃还是抗争。诸如这样的导语，其目的是为了让读者对这篇故事或这个人物感兴趣。你想不想知道洛丽·梦露后来怎么样了？我们绝对想知道。而这就是逸事类导语想要达到的目的——把你勾住，让你继续往下读。

间接导语不一定要很长或很复杂。看看这则安东尼·拉米雷斯在2007年8月经典的纽约热浪中写的导语，这也是他自己最喜欢的导语之一：

> 昨天正午，在时代广场热气蒸腾的地铁站，两个大汗淋漓的女人面对面站着，像是要决斗。

你知道将要发生什么吗？或者这个故事是关于什么的？不。但你想不想继续读下去？想！我们再看看拉米雷斯写于1987年的另一则导语：

> 剃须刀制造商常挠破下巴苦想男人到底想要什么。

这句写得很逗，能让你发笑，然后还会饶有兴趣地想知道男人到底想要什么样的剃须刀。这一点儿也不乏味。

所以写间接导语时最重要的一点就是打开思路，并小心选择你的材料。你能选择的材料越多，你遇见的有潜力的人物越多，你越有可能写出能够挑起读者兴趣的导语。精彩的报道等同于精彩的导语。在延迟性导语中，你的语言也很重要。使用那些描述性的字眼。不用找那些特别别出心裁、让人摸不着头脑的词语，也不能形象到令人作呕，但你得让人们有足够的兴趣读下去。

无论你写什么都应意思清晰，而间接导语特别看重这一点。避免用被动句，因为被动句会令人搞不清到底谁对谁做了什么。来看看这两个句子："窗子被强行打开了"，这是被动句。"抢劫者强行打开了窗户"，这是主动句。用主语、动词加宾语写出来的句子通常最清晰，当然也是最佳的报刊写作方法。无论你选择哪种导语，都不能太长。有些新闻教科书上说25个词足够了，但我们不相信你能刚刚好写到这个数字。你得问问自己，别人是否能明白你的导语，同时又对此产生兴趣？或是你在导语中塞入了太多信息？这是你在积累经验的过程中，在好编辑的带领下慢慢学会的。

要提高对语言的运用能力，花点时间读一下由威廉·斯托克（William Strunk Jr.）撰写、E. B. 怀特修改的经典写作书《风格的要素》（*The Elements of Style*）是值得的。我们认为这本写于迈克出生那年——1918 年——的书仍是英语语言中最佳的写作指导书。里面满是对记者的有用建议，例如“略去不必要的字词”。这对所有作者都很重要，对记者尤其重要。

有时，记者会“埋没导语”。意思就是他们在导语中漏掉了一个关键信息，导致读者困惑这一新闻为什么是重要的。重大新闻必须将新闻基本要素放在最前面。你不能让人到文章后面去挖掘。比如说，福特汉姆大学校报《公羊》（*Ram*）最近刊登了一则令人悲伤的新闻，关于一个学生在毕业后的暑假死去的消息。整篇报道希望传达乐观的情绪，将重点放在这个年轻女孩身前的精彩生活上。但文章的作者却埋没了导语。文章开头缺失了什么？死因。直到文章的后半部分才出现这一信息。这真是埋没了导语。通常埋没导语的情况发生时并没有那么明显。往往是记者写开了一场什么会，或有某次演讲，但没说内容是什么。导语应当告诉你会议或发言中最重要的部分或者最重要的决定，而不仅仅说这场会议或讲座发生了。想象一下某则报道称你的大学改变了招生政策，并将在两年后实施。这就是埋没导语。大学做出的改变到底是什么？这才是新闻。

引用，或不引用？

不存在什么令人尴尬的问题；有的只是令人尴尬的回答。

——卡尔·T. 罗文（Carl T. Rowan），记者、外交官

另一个记者要掌握的关键技能就是学会怎样处理引语——引用什么、引用谁，以及什么时候引用。引语将真实的人物带到你的报道中，展示人性，让人物栩栩如生。它们能为你的报道增添情感和观点，同时也带来细节和戏剧冲突。另一个使用引语的目的是为了增加可信度。正如金·墨菲所解释的："引用不仅让报道读上去更可信——不只是我们在说什么，而是对某个对话题应当了解的人所说的——但同时也为故事增加了戏剧画面感。人物或声音使叙述变得生动，并且不是由我们，而是由那些制造新闻的人述说出来。"无论是电视还是纸媒，精彩的引语造就精彩的报道。

那么何时该用直接引语呢？最好引用独特、有力且有趣的材料。任何能让你的受众喊出"哇，这真是新闻！我以前从来没听说过"的地方都值得用上直接引语。

让你文中的人物开口说话也是构建他们性格、发展情节的重要方法。"在报道中，我喜欢让人们尽量生动起来。为此，我觉得让他们说话非常重要。"迈克尔·布罗纳说，"我喜欢用长一点的引语。让他们吸足了气有力地展示他们的声音，思想、犹疑、愤怒等的起伏律动。因此，我用引语不仅是为了重述一个我说过的点，更是一次性在

多个层面上传递信息——从他们在说什么到他们怎样在说。”在如特写这种以人物为驱动的文章中，此类引语特别重要。

记者在报道时还可以抓住人物之间的对话，将其插入自己的报道，这是一种让人物开口说话，观看他们如何互动的方法。“我一直觉得对话比我们从采访中搜集来的信息透露出更多内情，也更深刻。”克利斯多夫·奇弗斯说，他在自己的特写中大量运用对话，尤其是在对美国士兵的报道中。“我们当然需要做采访。我们需要具备各方面的广博知识，以及我们报道领域内的专业知识。但在更低一点的层次上，在战争发生的地方，士兵间的交谈往往比我们提问后得到的答案透露出更丰富的含义（当然并不总是这样）。”布罗纳不仅喜欢引用对话，还使用其他能揭示出人物内心的东西，比如受访者所做的记录或写下的东西。“我最近的一篇文章中加入了一名在美国受监押的伊拉克囚犯所写的日记。尽管有些支离破碎，但却是最原始的材料，对于这篇报道而言尤显有力。”他说。其他种类的对话或引用应当用在特写中，而非硬新闻中，这样它们才有空间发挥作用。

或许，知道何时不去引用比知道何时引用更为重要。总的来说，那些不太新鲜有趣或令人惊奇的平常信息，最好改写一下。人们说得过于冗长，得要一会儿才能说到重点时也最好改写一下，或者当采访片段不够理想时也该由你自己转述。只有在能令你的受众惊叹时才用直接引语。

说得更明白些，事实的部分你自己重组词句，然后加上引语增添色彩、情感和观点。正如你们从本书第一章中学到的，记者不应当在报道中加入自己的观点。记者的声音应当是客观平衡的。所以一个记者想要在报道中注入情感和观点，唯一的办法就是加上带有别人情感观点的直接引语。

不过引用别人的话时一定要准确。这听来理所当然，但你会惊奇地发现，有多少记者把引语引错了。做得不准确真的没有任何借口。我们推荐你借助磁带或电子录音设备。这能帮助你确保准确度，也能让你思考人们到底在说什么，而不是一路草草记录。同时还能让人们坚守他们自己曾说过的话，这也是为什么假如你在采访中要求录音，会遭到有些人抵制的原因。如果某人坚称自己的话被误引，你可以拿录音做证明来辩驳。

还有一点，永远永远也不能假造引语。这是结束你职业生涯最快的方式。在第六章中，我们将会引几个这样做的人为例——他们最后全都离开了新闻行业。

但准确不仅仅是把字句写对了。假如某个人说错了什么——做了虚假声明，给了错误的数据——然后你把它印了出来，无论在道义上还是法律上，你都不能以“我只是在引用他的话”给自己辩护。你必须核实你写的任何东西，即便是出自别人之口。如果你不核实一条诽谤某人的信息，结果发现是错的，你就将面对法律诉讼。假如你核实不了某些事情，你可能就得思考一下消息来源者的动机。你得确保别人没有故意给你错误的信息，然后希望你发表出来。

想要得到最好的引语，那就要尽可能多地与报道相关人士交谈。好的材料总是来源于一手资料，而非二手或三手的。在不同的领域培养不同的消息源。你的知识面越广，你认识问题就会越深入。记得要问开放式的问题，让你的采访对象天南海北地谈，并且真正倾听他们。这能让他们放松，从而说得更好。千万不要因为误引或将某人的话拎出上下文而灼伤他们。你绝不会希望别人指责你做的新闻粗制滥造。

导入引语

每当你在文章中使用引语时，需要写一句介绍性的话带出你的引语。引语前的这个句子所陈述的观点该在后面的引语中得到证实或解释。当这句带出引语的句子是由某人的话改写过来时，总能产生最好的效果。让我们来看看下面这个例子。

拙劣：戈登说起她丢失了的支票。“我真的很需要这笔钱，所以我希望这张支票没有被烧毁。”她说。

这句用来引入导语的话很失败，因为它没有带来任何新的信息。你读的时候会想：“好吧，她到底在说什么？”

改进：戈登说她的支票通常每月 15 日送到。“我真的很需要这笔钱，所以我希望这张支票没有被烧毁。”她说。

这次引语前的导入句有所改进，因为加入了一些信息，但也没有说出任何与引语相关的意思。

最佳：戈登说如果今天拿不到支票的话，下个月就很难过日子。“我真的很需要这笔钱，所以我希望这支票没有被烧毁。”她说。

这句导入句是三句中最好的，因为其传达的意思能由后面的直接引语证实。

想要明白引语前导入句的作用，就想想大部分学生是如何学习写论文的。在一篇论文里，你通常先亮出观点，然后用引语支撑，再说明是谁说了这些话。写报道同样如此。先在引语前的导入句给出论断，然后去证实，加入细节，或者用引语本身做出详述。我们把这称为“报刊文章的三位一体”（print triad）——论断、引语和归属必须同时出现。在下一章中讨论电视报道时，我们将讨论类似的概念。

理解归属

引语足以用作智慧的替代品。

——奥斯卡·王尔德（Oscar Wilde），作家

记者说起归属时，他们实际上在谈论两件略有不同的事：他们报道中信息的归属，以及他们所用引语的归属。你文中大部分的信息都应源自一个人或一份文件。毕竟，人们想知道记者是从哪里得到的信息，他们可以借此判定信息是否可信。你不需要为那些大部分人都知道的事、公众记录或是很容易便能得到证实的事寻找来源。但任何带争议的、涉及情感或观点的事都需要写明来源。不然这听起来就像是作者本身的观点，而我们之前已反复说过，记者不能将个人意见带到报道中。比如，猫王的唱片卖出了几百万张这件事你不需要寻找来源。这是个大部分人都知道的事实。但你若说猫王是历史上最伟大的歌手，你就要说明这是谁说的，因为这件事还存有争议。你还应该提供数字类信息的来源，比如统计或民测数据，这样能帮助你的受众判断信息的真实性，因为数据可以用来证实一个观点。不过假如你亲眼见证了某件事，就不需要说明来源。比方说，如果你报道一栋大楼着火，亲眼看到大楼倒塌，你就可以把这用作第一手资料来写。但如果你不在现场，就应该说明大楼倒塌这一信息的消息来源。

当你用引语或对话时，必须注明每一处的来源，让谁说了什么读起来很清楚。记得一定要写明直接引语的说出者，除非这会危害到说

话者本人，或者你已答应了对方使用匿名。通常在引语的第一句话后标明说话人。假如直接引语不止一句话，就在第一句话后标明说话人。这样引语前导入句、直接引语和话语归属这三者就可以放在一起，产生更好的效果。在导入句亮明观点。你的读者会想："哦，是吗？证明看看！"然后你给出引语，就像是明证。然后读者又想："哦，是吗？谁说的呢？"接着你再指明说话者。每次使用引语时，这三者都应该一起出现，说话人则应该出现在正确的位置。

在引语不止一句时，下面是说明引语来源最好的方法：

> "我们的邮政系统一直很棒，"戈登说，"这场大火让我们大家都很震惊。"

即便引语里有几个句子，说明一次来源也就够了。不需要像下面例子这样说两次：

> "我们的邮政系统一直很棒，"戈登说，"这场大火让我们大家都很震惊。"
>
> 她补充道。

引语有多个句子时，不要把话语来源放在句子最后，像这样：

> "我们的邮政系统一直很棒，这场大火让我们大家都很震惊。我简直不敢相信有成千上万的邮件不见了。"戈登说。

这是因为一旦出现引语，读者马上就想知道是谁说了这些话。

话语来源人出现在句子开头也不是最好的选择：

> 戈登说："我们的邮政系统一直很棒，这场大火让我们大家都很震惊。"

这样的行文结构不算最好，而且会妨碍引语前的导入句。

在第一次指明说话人时，要使用全名，标明身份头衔。之后再引用时，按你所在新闻机构的规定来处理。有些刊物使用如“女士”或“博士”这样的敬称，有些不用。但在第二次或之后再引用同一个人的话时，应当用说话人的姓，省略说话人的名，除非有足够的理由，比如你采访的两个人有同一个姓。

关于引语归属另有两个小点需要注意。首先，当你列出说话人时，别害怕用太多次“说”这个词。你可以用其他词来代替，但许多你可以取而代之的词——比如“称”“坚持”或者“主张”——在写作上都有些微妙的言外之意。“说”是中性的，因此也通常是最好的选择。其次，做硬新闻报道时别试图揣测别人脑中的想法。如果你想将某个观点归源于某人，那就从他们自己的话语出发，而非你自己的想法。毕竟，你不能进入别人的头脑中，无法知道他在想什么。你无法知道别人怎么想、怎么感觉、相信什么或渴望什么。你只知道他说了什么，因此抓紧这一点。这样写是可以的：“梅根·福克斯说《变形金刚》是历史上最伟大的电影。”如果她在采访中真是这么告诉你的。但最好别写“梅根·福克斯觉得《变形金刚》是历史上最伟大的电影。”因为这样无法告诉你的读者你是怎么知道这一点的。贝丝在福特汉姆大学的同事，前《华尔街日报》记者亚瑟·海耶斯（Arthur Hayes）极度痛恨“觉得”这个词，遇上学生在作业中写他们采访的某个人“觉得”怎样时，他甚至会真的直接给不及格。

尽管如此，记者做特写报道时经常会写文中主人公的想法和情感。比如，克里斯托弗·奇弗斯为《君子》杂志写的一篇有关“别斯兰中学人质事件”的普利策获奖作品中就包含了大段描写恐怖分子和受害者心理活动的文字。当然，他不可能知道别人脑中到底在想什么，但他试图通过大量的采访来准确重现故事主角的内心独白。在特写写作中使用些创造性的方法是可行的，只要你确定你放入别人脑袋中的想法基本属实。但在硬新闻里是行不通的。

匿名消息源

匿名消息源是把双刃剑，需要非常谨慎地对待。一方面，他们常常能给你最好的信息，因为假如人们知道别人追踪不到话语出自他们，就更敢放开说。其中最著名的例子当然就是伍德沃德和伯恩斯坦的线人“深喉”，后者爆出了水门事件，把一个总统拉下了马。但匿名消息源同样可以借匿名的保护向你提供错误的信息，从而毁了你的声誉。所以，如果有人与你交谈又不希望你在文章中点明他们的名字和身份，你就要小心考察他的动机了。“有些消息人士希望告诉你一些真实而重要的事情，也因此希望你能对他的身份保密，”迈克尔·布罗纳解释说，“最终都要遵循这个原则（也是最要紧的），即不断地审慎评估为什么某人要告诉你某事。如果你已经周详地核实过事实和信息，反正无论如何你都得这么做，指不指出名字就是次要的了。某人如果真有什么目的，你是可以看出来的，然后你得根据他们愿不愿意透露姓名再做出评估。”布罗纳说当匿名信息听上去太令人惊喜而显得不真实时，他就会特别警惕。通常来说太令人惊喜的信息都不太真实。

记者需要了解各自的新闻机构对于接受匿名消息和指认消息源的规则，这很重要，因为不同机构间会有很大差别。大部分新闻机构都试图限制对于匿名消息的使用。“公司极力劝阻我们不要使用匿名消息源，只在非常罕见的情况下才能用，比如他们传达的消息至关重要，不得不刊发，而指明消息源又会危害到消息人，无论是身体上的（可能被捕或者受人攻击），还是可能令他丢了工作。”金·墨菲解释道，“我们得在报道中说明为什么要匿名使用这一材料。但这绝不会降低我们核查信息的标准。我们得非常肯定这人知道自己在说什么，并且所说的都是事实。”缺少名字，读者就很难判断一则信息的可信度。而假如匿名消息最后被证实是错误的，也会大大损害一家新闻机构的公信力。读者会因此认为这本刊物自编自造了这些新闻。

这就是为什么许多新闻机构在信息来源问题上把控得非常严格，尤其是在出现匿名信息的时候。在CBS新闻，通常需要两个独立的信息源告诉你某件事后，才能报道。但如果是匿名信息源，则可能要求有三个或更多，特别是当所涉及的信息较有争议时。

如果你决定使用某则匿名信息，一定要事先告诉你的编辑，并且一定要和你的消息人士阐明信息援引的规则。各人对于“匿名”的理解会稍有不同，确保记者和消息人士对该词定义一致至关重要。对此人们常常搞错。“幕后消息来源”（on background）通常意为信息可以不带来源人的名字和头衔，但会给出些消息人的背景——比如“司法部一位官员说”。“深层幕后消息来源”（on deep background）意味着记者不能引用消息人士的名字，或其他任何会导致他/她可能被识别出来的信息——比如“一个官员说”。而“不供引用”（off the record）则通常意味着记者完全不能将信息刊出——仅仅是让记者自己知道。那么为什么这样的信息还是宝贵的呢？因为其他的消息人士可能会证实这一点，而且他们或许不会坚持不让信息见光。假如有人私下告诉你什么，要养成习惯，询问对方是否能提供可以证实他们话语的文件，并让对方推荐能证实这一信息的人员。

第五章

声音和图像：打造一流的广播电视及互联网报道

试着在每件事上都做到12万分准确，无论是对待照片还是文字。事实不仅比小说更光怪陆离，而且会更有意思。

——威廉·伦道夫·赫斯特（William Randolph Hearst）

报业巨头

纸媒时代到电视时代的转变对我们造成的冲击就像从汽车到飞机一样——基本的理念是相同的，但要考虑的维度却更多了。广播电视与纸媒的不同表现在几个关键的方面。首先，在广播电视上，你让别人理解你的机会只有一次。人们不可能轻松地倒回去重看或重听（除了网络视频或Youtube这种），所以你得在第一轮时就表达得清澈透底；而在报纸杂志上，人们但凡有不理解，总可以回过头重新再读。因此你在广播电视上说故事的方式结构要符合这一媒介的特点。广播电视新闻也有开头、中间和结尾部分——即便它们只有15秒长。它们本身同时又极具私人感。即便一则报道可能接触到几百万人，但播音员在每次播报时却只对着一个人说话。换句话说，在荧幕上或广播里的记者似乎总是直接在跟你这个听众说话。最理想的情况是，记者和主播能与一批观众建立起个人联系，使他们对这一节目抱有长久的兴趣。但最关键的是，广播电视能让记者在报道时使用声音和图像，这些是非常有力的工具。本章将主要解说怎样让文字、声音和画面合力起作用。

我们此章还将讨论互联网新闻写作。需要指出的是，我们只用一个章节中的部分段落来讨论这一点，并非是要淡化互联网之于新闻业的重要性；我们意识到，互联网成为所有人获得新闻的主要来源只是时间问题（事实上，民调显示，其已成为30岁以下人士获得新闻的主要来源，仅次于电视）。但正如我们将在此章稍后谈及的，假如你掌握了此处所教的纸媒及广播电视新闻报道的基本方法，也能自如地做好互联网新闻报道。

广播电视新闻的基本要素

广播电视的实质其实非常简单。电视要依靠画面讲故事，广播要依靠声音讲故事。这意味着如果你关掉电视声音只看画面，或只听广播新闻里的声音不加其他叙述，还是能知道发生了什么。贝丝进入CBS新闻后不久制作的一段电视报道便非常完美地证实了这一点。这段报道名为《包裹》（*Package*），有关莫斯科红场宏伟的洋葱顶教堂圣瓦西里大教堂如何沦落至年久失修的地步。记者理查德·斯瑞科尔德（Richard Threlkeld）写好了漂亮的报道稿，但观众其实并不需要听他的稿子，因为他们单从画面上就能“看懂”这个故事。视频中，教堂墙壁上满是涂鸦，壁画褪了色，楼梯几近坍塌。但如果画面没有很好地传达出故事的本意，他们就会被称为“墙纸”——这是你需要避免的。

电视广播写作偏口语化。你只会用那些日常对话中出现的字或词。“我会抽离开，试着思考，‘好吧，这事儿我会怎样对我女儿和丈夫说，尽管他们都挺聪明，但对这事儿或许不会太感兴趣？’”CBS卫星新闻的琳·嘉莉克说，“通常我觉得自己都会用‘琳式’话语，而不是什么花哨的新闻语言。因此广播电视报道也该是琳式语言——很口语化，很实事求是。”一流的播音员以他们自己平时说话的风格播报新闻。“我写新闻稿时会大声读出来，确保它听起来很自然，”美国全国公共广播电台（NPR）驻纽约通讯员罗伯特·史密斯（Robert Smith）说，“我们后期编辑节目时，编辑不会看我的稿子，而是听我读或播报出来。”播报时话语有所省略是可以的，因为人们说话时就是这样的。简洁的陈述句效果最好，因为短句更容易理解消化。如果你句子中有两个逗号，那对于广播电视来说可能就太长了。

与纸媒写作一样，你应该试着在报道中用主动语态——而且，在广播电视中，你还应该尽量用现在时。你的目的是强调这都是今天、此刻发生的。事实上，广播电视越来越强调此时此地。如今的现场新闻越来越多，而有线新闻的崛起为新闻业带来一种新的即时性。这意味着只要有可能，播报员都尽量地使用现在时，即便有时有小小作弊。某电视台可能这样播报，“今晚，坠入哈德逊河的飞机上的乘客正慢慢恢复”，而不是“乘客已从坠入哈德逊河的飞机上逃离，并被送往当地医院”。看见窍门了吗？第一句听上去好像事情仍在进行中。这是典型的电视广播报道。

产出一篇广播电视报道，尤其是电视报道，真的需要依靠团队合作。你得有制作人帮助安排各类事宜，摄影师、录音师、主播、记者和编辑一起合作创作报道，加上策划人和节目主管来设计并编排节目。众人的合作是工作的乐趣所在，当所有团队成员齐心协力时，真的犹如梦幻一般。“《60 分钟》节目最棒的地方在于这里所有的工作人员，他们都全力使我在镜头前看起来更好。我绝不会忘记这一点。”记者斯科特·佩利说，“我所有的新闻都是与业内最一流的制作人、记者、摄像师、编辑和经理人一起制作的。当你有了那样一支团队——并且你明白这是一种团队运作——自然会有回报，因为这样一份工作可以精彩万分。”

这同样意味着广播电视新闻的制作过程要比纸媒新闻复杂得多。在广播电视中，许多步骤都是互成的，也就是说你得在同一时间思考着做好许多事情。比如说，你不可以单单只关注文字；在你写稿的时候，你还得同时考虑图像和声音应该是怎样的。广播电视中的统筹工作同样要比纸媒复杂得多，广播电视记者在新闻之外还需考虑如设备、传送方式等。贝丝记得她第一次和她的制作人阿莱克谢·库兹涅佐夫（Alexei Kuznetsov）工作时的情形。在加入CBS前，他曾在《洛杉矶时报》做了十多年的记者，已经习惯了带着记事本和几盒磁带上路。在他第一次的CBS新闻采访中，库兹涅佐夫看着摄影师大卫·格劳特（David Grout）为采访准备的约400磅重的设备铺在那里，有灯光设备、三脚架、相机电池、充电设备、备用镜头、录音录像带、混音器、带伸缩杆的麦克风和一架摄像机。有这么一大堆设备要带，令库兹涅佐夫倍感绝望，喊道："看看这些家伙！""是啊，"格劳特自豪地回答道，"我真是做到了轻装上阵。"

广播的乐趣

这似乎直达人们的大脑，完全没有图像的干扰。

——鲍勃·爱德华（Bob Edwards），记者、作者

到目前为止，我们还没有机会多谈谈广播这个大家都喜爱的媒介。迈克的职业生涯从广播起步，贝丝许多一流的报道也是广播新闻。所以在我们接着学习广播新闻报道之前，先来细数下广播的妙处，其中有许多似乎已为年轻一代所不知了。“像我这个年纪的朋友开玩笑说，我们这代人之间谈话超过五分钟，就不可能不提到在广播上听到的某则新闻。但更年轻一代的人们就没有这种经历。”贝丝惋惜地说道。人们普遍认为广播很有用，因为你在听的时候还可以做其他事。确实如此，而且它同时还是很讨喜的新闻媒介。

一流的广播新闻作者能用文字创造画面。无论他们是在写一段20秒的新闻简报还是10分钟的特写报道，优秀的广播作者能创造图像，将听众送至事件现场。他们也使用声音——人和事物都有——来增加新闻的深度。“在广播中，声音就是一切。不然，我们就只是在电台中读报纸。”NPR的记者史密斯解释道，“我认为广播新闻记者要认识到，声音不仅仅是我们填塞在报道稿中某一幕场景下的背景音，这一点很重要。一名优秀的广播记者在新闻制作的整个过程中都应以声音为出发点来思考。我们选出那些能给声音很大表现余地的故事。我们根据手头的声音策划情节。”听到即事实。人们听你讲述一

场飓风和他们亲耳听见飓风掀掉了一个屋顶的效果是完全不同的。

所以做广播新闻要求收集声音——而这又需要计划。“广播业的新手往往随便前往某个地方，听着某件事发生，然后举起麦克风。我们把这种称为普通的声音现场，有时作用也可以很大。”史密斯解释道，“但我将之比作一个摄影师拍了一张群众照。你知道某事的规模有多大，但是没有细节，没有难忘的信息。等你在这行干得时间稍长了，你就会开始明白一个场景中的声音是有层次的。你会想要有些细小的特写声音，还有一些远距离的声音。你还会明白一个场景中的声音是会变化的。哪种声音能开始一个事件？哪种声音能结束它？你实际上是在将某个地方解构到几个不同的音频中，然后再在工作室里将之组合起来。”史密斯说他在四周转悠时通常都带着数码录音机，加上两个不同的麦克风：一个用来录普通音，一个用来录远处的声音。用数码设备录音能使编辑工作更方便。你可以将声音导入电脑编辑软件，轻松地与整个报道的叙事穿插起来。

广播记者通常自己搜集声音。有时候这很简单，但有时这要求记者们得有创造力。“我许多调研的关键都在于做好计划，要在对的时候出现在对的地方，”史密斯解释道，“如果有些事是富于声音的，比如抗议、表演或警察行动，那这就很简单。到现场去，靠近，然后持续录音。如果事件本身是安静的，那么我就得找个人跟我做描述。或许是个科学家一边做样本实验一边叙述，或者类似的。”假如一个记者在现场，他也可以提问，从而打造可以用于报道的声音。

策划卓越的广播电视新闻报道

蹩脚的制作无法产出精彩的新闻。

——爱德华·R. 默罗，记者

制作一个成功的广播电视报道包含五个步骤：准备及调研、记录图像声音、重审材料、写作、编辑。以下我们将逐步讨论，从最初的准备工作开始。

当你做电视或广播报道时，我们在本书此前章节中教授你的如何为报道做计划的方法依然适用。你依然需要找到好的选题，在着手报道之前好好调研。但是从一开始你就要问自己，这一故事是否适合广播电视。你可以拿到什么声音和图像？你要的不仅仅是人们在说话。如果一则报道中都是说着话的人头，那就很无聊。如果你是在为电视做报道，你希望能在报道中使用各种画面。这是在没有人讲话时你将会使用的影像。这些镜头将故事讲得越好，你最终的报道也将越好。我们说有些报道是“精彩的图像报道”，意思是这些影像情节丰富。电视屏幕喜欢有动作的画面而非静止的画面。这种对于图像的需求也解释了为什么电视并不太擅长对还没发生的事进行报道。图像的缺失意味着，在视觉上，你的“预先”报道可能主要得由墙纸般的静态画面组成。

你为报道拍摄的每个地方、每个人都被称为“元素”。假设你在为报道某个医学突破拍摄画面。你的元素可能包括一家医院——新的突破可能就是在此被成功试用的——这项突破诞生的实验室，以及对于医生和病人的采访。你总想要得到足够的元素去做个涉及面广泛的教育类报道。“我喜欢在任何报道中都设置至少三组不同的部分，这样才能制造一种动感。好像我们实现了什么。”史密斯说。你的报道越长，你需要的元素就越多。有时，某个元素你最终可能用不上，要么因为拍摄的画面不如预期的理想，要么因为你找不到合适的地方可以嵌入，但因为拍摄一个画面十分耗时，还可能附带诸如加班或出差这样的代价，广播电视的工作人员会尽力使用他们拍摄了的材料，并只拍摄他们需要的材料。

绝不要自认可以随便蹦跶着进入某个地方，然后拍摄你想要的元素。如果要进入私人地带，专业的摄像师或录音师通常会事先申请许可。公共场所的拍摄要简单一些，并且只要你是专业人员，通常不需要申请许可。但如果需要在工厂中拍摄，你不能期望扛着摄像机和其他设备出现在大门口人家就会让你进去——先申请许可吧。

事实上，假如存在制作电视新闻的总则，那就是“绝不要臆断”。臆断往往导致灾难性后果，比如“我以为你会带着摄像机”，或“我以为这边能插电”，又或者“我以为我们可以不用签证就入境”。

也正是在计划阶段，报道员开始选择他们新闻中的人物。广播电视报道比纸质新闻更受人物驱动。真实的人物能让广播电视新闻有趣起来，尤其是当主要人物有令人惊叹的经历或特别能说会道时。因此广播电视新闻人花费大量时间寻找这个能将故事讲得活灵活现的人。在决定是否要做一则报道时，是否存在一个好的人物是决定性因素。“你不会只是一味地向前，除非你觉得这个报道真的可以做下去。因此你试着想要找到主要人物和几个次要人物，然后才会开始一心为报道拍摄画面。”迈克《60分钟》节目的老牌制作人罗伯特·安德森解释道。“我们会花费很多时间调研一些我们最后没有做的报道，不是故事前提撑不起来或事实证明不了前提，就是我们找不到那些可以通过他们来叙述故事的人物。”

当你在为广播电视寻找人物时，人们说话时的态度将是决定你可能要采访谁的因素。假如某人口吃或口音很重，又或者英语说得不好，那么放这个人上电视或广播效果就可能不好。而且电视是视觉媒介，一个人的外貌因此也不幸会受到评估。假如某人的容貌严重受损，或存在什么会让观众不想听他/她说话的地方，你可能就该考虑让其他人出现在报道中。

无论是做广播还是电视新闻，还得思考你要用什么声音。实际上，声音分两种。第一种是你为广播或电视报道收集的环境音，被称为“自然声音”（natural sound），不过它也可以以不自然的形式出现。钟敲响的声音或汽车引擎发动的声音也可称为自然声音。“自然”只意味着这一声音不是来自于采访。要录下这种声音通常需要一种你在纸媒工作时可能用不到的主动性。“有时候你得要求苛刻，”史密斯说，“当我报道那些在纽约公共图书馆修缮狮子像的工人们时，我让他们一步步做给我看——洗、刷、吹干——这样我就可以分别录到每一步的音。然后我再录下他们一次性做完整个步骤的声音。接着我又不带背景声音采访他们。这样做能让我重新安排所有声音的层次，也能更生动地重现场景，假如我只是拿个麦克风在那儿站上半小时，就不可能达到这样的效果。”电视报道中也会为画面配上自然声音，一方面是为了配合画面，另一方面也可以为报道分段。假如你仔细留意大多数的电视报道，会发现有些报道中叙述中断后会出现自然声，这为观众提供了时间消化之前听到的新闻。

第二种则是更显见的一种——采访的录音。有时你可能播放整个采访，但通常你会摘取采访中最精华的原声片段（sound bites）——而且报道中只用这些。为广播电视选取原声片段的标准与为纸媒选择直接引语的标准相同——你要找的是情感或观点的碎片，所有可以被记者转述的话。“我录下了很多我与受访对象间你来我往的话，”史密斯说道，“我不想做个无话可说的记者，这样你也只会得到无话可说的回答。相反，我说故事、我开玩笑、我做出假设，然后让这个人纠正我。我表达情感，所以他们也会表达情感。”

当然，记者不常有大把时间这样准备。如果你在做特写报道，你可能有时间仔细选择你的元素，并确保挑出了最好的材料去录影或录音。但如果你在报道突发新闻，则可能没有太大的选择余地。报道突发性新闻时，在大多数情况下，你都得尽最大努力利用手头现有的或能最快、最方便得到的图像和声音。在这种情况下，记者常常使用别人收集来的声音和画面。诸如路透电视（Reuters Television）和美联电视（Associated Press Television）这样的通讯社同时为广播和电视提供素材，这样记者就不一定要亲自前往新闻发生的地方。新闻播报员当然更希望播出他们自己的独家现场报道，但有时，新闻发生的地方太过遥远，他们没法及时赶到，或者旅程太过昂贵，新闻机构认为不值得花钱送人过去。电视新闻网往往也依靠他们当地的子站来获取视频和音频。

并且，与纸媒工作中迫近截稿点时的情况一样，记者拿出些什么总比什么都拿不出来好。就突发新闻而言，通常无法做到完美报道，编辑或制片人都宁愿先有个不太理想的报道，这样总比什么都没有好。

录音录像

电视的奇妙之处在于当下事件的画面所能起到的即时作用。

——威尔·麦克唐诺（Will McDonough）

体育记者、专栏作者

一旦你知道自己想将重点放在哪些元素上，就要抓住它们。在电视方面，这主要是摄像师的工作，但即便你是制作人或记者，也需要知道一些基本的摄像工作和术语。再说，如果你想在当今社会成为记者，就很有可能在你职业生涯的某些时间需要拍摄影片。

电视需要各种不同的画面，通过编辑瞒过观众的眼睛。摄像师可能拍摄一个全景（wide shot），展示一片广阔的区域比如一整栋大楼或是一群人；一个中景（medium shot），展现一两个人或可能一组人在做什么；或一个近景（close-up），显示一个人的脸或手，或者其他细节。想要理解各个不同镜头是怎样的，可以想象你自己第一次走进一间新的教室。首先，你双眼看到的可能近乎全景，此例中就是整个房间。然后你或许将目光落在了其中一两个你认识的人身上，这就是中景。最后开始上课时，你可能关注到教授的脸。这是近景。在做电视报道时，你可能需要针对正在发生的某一事件或某个地方拍摄各种普通镜头。这些镜头被称为辅助镜头（B-roll），用以覆盖报道中叙事间歇的空白。

出镜

电视报道中最为人熟知的元素恐怕就是出境（standup）的站立报道了。记者直对镜头，直接对着观众说话，播报信息或做出分析。如果你定期看新闻，一定见过无数次这种场景。在特写报道中，记者的站立出镜报道往往出现在整个报道的中间，连接了报道的上下两部分，被称为过桥（standup bridge）。在突发新闻中，记者的站立报道通常出现在末尾。虽然总是会拍摄记者站立出镜的播报片段，但这些镜头很少出现在报道开头，尽管记者可能在报道的开头或末尾现身。稍后将详加讨论。

出镜是记者露面的机会，并且相信我们，记者的露面决定着他们职业生涯的兴衰。但记者的出镜也显示出他们到了事件发生的现场，因而增加了新闻的可信度，也能让观众与记者产生联系，增加他们对于这一新闻的兴趣。理想情况下，定期收看某档节目的观众会认准这个电视台的记者并开始信任他。出镜也给了记者机会谈论一些没有摄制视频但很重要的事情。

有些电视台喜欢静态的站立报道，就让记者站在那里说话。还有一些喜欢对着记者推近或放大镜头——这一技巧让记者所说的话听上去更为重要。但在站立出镜中，记者走动或展示某些事物也很常见，尤其是在当地新闻报道中。但理想情况下，记者的语调和步伐应当与报道中叙事（track）的语调和速度一致。（录下记者叙事的过程称为“跟踪叙事”），所有叙述听起来都应当很口语化。

记者们也常以一个现场镜头开始或结束他们的报道，有时以此来取代或补充站立报道。带现场镜头的开头和结尾通常突出记者正在新闻现场报道事件最新的进展。随着广播电视报道现场新闻的技术不断改进、成本降低，这一形式近年来越来越流行。对于当地新闻而言尤其如此，电视台想要强调他们在那里，在突发新闻的现场。现场录制时，记者可能仅仅只是在和主播对话，或者直接为录制完的报道做叙述，后者被称为插入报道（insert）。《WPIX 晨间新闻》一则典型的詹姆斯·福特出镜新闻是这样的：主播介绍他出场，然后福特从新闻现场报道，接着电视台播出他的插入报道——由福特叙述的新闻片段——然后再转到他的现场画面结束这则报道。

在做现场报道时，记者以能建立他们可信度的方式说话。“我总是以与人闲聊的方式报道，尽可能使用我背后的现场画面来凸显这则新闻的相关性和即时性。”福特说。他引自己曾为一则报道所做的介绍为例，这则新闻追踪了受枪击警官的近况：“受枪击警官现正在此处四楼的特别监护病房，我们看见他的家人和朋友来来往往，他们的表情无不反映出今天对于他们来说是情绪起伏不定的一天。”他的评论强调了他就在现场，因此知道自己在说什么。

开场和过场

另一样你需要知道的是开场镜头（setup shot）。这是那些在你采访对象开口之前，用以介绍他们出场的画面。图像的配文可能是这样的：“西北大学政治系教授约翰·布朗说医疗改革是总统所面临的最大挑战。”所以你得先看见布朗教授在那儿正在做些什么，然后听见他说话。有两种经典的开场镜头。第一种是行走镜头，要么一个人走着，要么和记者走在一起。但为了方便编辑，要确保在镜头的最后这个人完全离开了画面。第二种是工作镜头。如果某人在办公室里，通常拍摄这个人打电话或在电脑前工作的画面。但开场镜头可以是这个人处在自然状态下的任何镜头。一个面包师在烤面包，一个厨师在烧菜，一个木匠在捶捶打打等。后期剪辑时，你还希望有个近景可以用，比如某人的手指放在键盘上。贝丝是吃过了苦头后才明白开场镜头的重要性。她当时在莫斯科拍摄了自己的第一次电视采访，当时采访了一个艺术商人，她以为一切都很顺利，直到老板要求看看她的开场镜头。贝丝完全没有，因此在剪辑中没有材料可用。她不得不给这个艺术商打电话，让他第二天穿着采访那天穿过的同一套衣服再过来一次，拍摄开场镜头。这真的挺尴尬的。

另一个你需要了解的镜头是过场镜头（cutaway）。这是一个与情节不相关的其他镜头，通常可以是一个记者在倾听、某人说话时手部的近景，或是演讲现场的观众镜头。这类镜头在剪辑中至关重要，因为它能让你剪掉材料，再将编辑好的部分无缝地连接回来。过场镜头更经常被用来将两个讲话片段融合在一起。要理解这是怎么做到的，得记住在剪辑报道时录音和录像可以分开做。假设某人说了一些很精彩的话，然后说了些你不需要的话，接着又说了些你希望用的话。要剪掉你不需要的那部分，从播放第一段讲话的音频和视频开始。然后在你开始播放第二段讲话的音频时，接到过场镜头，比如记者在倾听的画面，最后再在连续的音频中切回第二段讲话的视频。如果做得好的话，这看上去就像一段完整的、没有断开过的讲话，只是中间插入了记者倾听的画面。记住，在过场镜头中，别人说话时记者不应出现点头的动作。这会暗示观众记者同意受访者的话，而这是违反客观性原则的。一个静止的倾听画面，或是无意义的头部动作，产生的效果最好。

从技术层面来说，灯光既可以成就也可以毁掉你的拍摄。灯光太亮或太暗都会导致视频无法使用。而对广播电视来说，声音的质量同样重要。采访在很嘈杂的环境里进行会让人听不清楚。一个你需要知道的有用术语是白平衡（white balance），这是一种光测指标。摄像师每在一个新地方拍摄时，必须对着一张白纸，或者完全呈白色的某样其他东西对焦。调整白平衡时抽出一张白色打印纸的话，绝对能让你给你的同事留下深刻印象。

电视报道的另一条金科玉律就是，“只有设备良好，你才能做得好”。几乎每个电视记者都有过设备坏了闯大祸的经历。贝丝记得有次采访一个莫斯科大剧院的女芭蕾舞演员，她的舞伴们抱怨她太重了，简直托举不起来。“我的上司很喜欢这个‘胖芭蕾舞演员’的故事，并且很开心她愿意坐下来接受我们采访，”贝丝回忆道，“但采访中有一根音频线坏了，因此录音时有一种咔嗒声，但我们当时没听见。结果采访的大部分都用不了。”你不可能总是碰到这种技术问题，但了解一些诸如摄像机、混音器和灯光设备的基本运作方法能提升你对整个团队的价值。

挑选你的材料

电视起到好作用时，没有比之更好的；起到坏作用时，没有比之更坏的。

——牛顿·N. 米诺（Newton N. Minow）

美国联邦通信委员会前主席

现在你已拍摄了视频，录下了声音，做完了所有的采访，开始组织报道，挑选出最好的材料。这样，当你写报道文稿时，便可以选择那些与你挑选出来的画面和声音搭配得最好的字眼。

那什么才是最好的画面？通常是那些能帮助你讲故事的。有些镜头包含关键的情节。有些是近景，有些是远景。有些仅仅是漂亮的画面，像图画一样，我们称之为“美景镜头”（beauty shots）。这些镜头要拍得好——光线到位，不能拍糊——构图也要恰到好处。

那么声音呢？好的声音是指高质量的自然声和拍得最好的采访原声片段。就自然声而言，要寻找有力的声音——汽笛、风声、肉在烤架上的嗞嗞声、棒球棒的断裂声。就原声片段而言，要搜寻人们所说的最机智、最漂亮、最有趣、最出人意料、最重要或最精练的话。就像纸媒报道一样，要让每句引语都起到作用。“我试着挑出不仅只有信息的采访片段，”NPR 新闻的罗伯特·史密斯说，“事实和数字我可以自己总结。但我需要那些无比投入、充满热情、带着思考、幽默或其他情感的引语。”他甚至会让采访对象听声音，让他们评论。这也是找到各种不同声音的好方法。

挑选材料的第一步是重新看一遍并记录下所有你收集到的资料——这意味着详细记录下最好的图像和声音。在电视行业工作意味着做许多记录带——如今可能是记录碟和电脑文件。假如交稿在即，你可以很快地记录，寻找一些关键的原声片段和图像。但如果你在做一篇长报道，或者没有迫近截稿的压力，则可以做非常详细而精准的记录。做记录时，你要详细地描述音频和视频，不仅记录下内容，还包括时间码，以及哪些拍的是全景、哪些是中景、哪些是近景。记录还能通过总结或完全誊写采访内容帮助记者识别可用的采访片段，也能让人们轻松又快捷地找到资料。在《60 分钟》节目中，所有的采访都被完整地转录成文字，但大部分其他地方的记者都没有时间和财力这么做。我们认识的许多播报员都只转录最终可能真的会被用到报道中的那部分采访，然后总结一下剩下的部分。

在这一阶段，你要对你的报道有一个清晰的概念。要记住，电视和广播报道都要将复杂的概念简缩成精华。观众希望很快就明白为什么一则新闻是重要的，不然他们就会转台。此外，大部分的电视和网络视频都很短，这意味着没有太长的时间可以播放。如果你不确知自己要报道什么，现在就是时候整理下你的思路了。还记得我们上一章中所讲的寻找文章焦点吗？将你的文章简缩到几个词。“几年前，我拿奖学金去波因特媒体研究院学习时学到了精彩的一课，我永远不会忘记：如果你不能用三个词写出一篇报道，你文章的中心就不够明确。”WPIX 电视的詹姆斯·福特说，“所以在写出完整的文字稿之前，我先用三个词把这个故事写出来。因此，我那篇关于潜水员、救援队以及事件调查员（他们搜寻坠机残骸，试图找出是什么造成这场哈德逊河上的致命坠机事件）的文章以‘空难复原挑战’（Aircrash Recovery Challenges）开头。我将主线写出来，然后以此为起点开始寻找视频和声音。”如果你没有事先在脑海中厘清你想要说什么，你就很难写出一个精彩的故事。

记者可能会在这一阶段写一个故事大纲，列出叙事和引语的初步构想。大纲的重点是故事的进程，让一切变得清晰。大纲写明该如何让故事有条理地发展，从A到B到C，然后再到D。短篇报道显然比长篇报道更容易做到这一点——这就是为什么记者可能将一篇长报道分成几个小部分的原因，是为了让组织结构更清晰。如果你在做一个非常长的报道，比如时长一小时的节目，中间插入的广告其实会迫使你思考该如何分段。

我们通常挑出最好的引语，让它们按逻辑排列，据此写出大纲。写的时候，我们想象该如何对一个聪明但却对这一新闻知之甚少的普通人述说这件事。选择引语时，要记住你可以在叙述中传达任何观众所需的事实，但与纸媒新闻一样，要靠你的采访对象来为报道注入观点和情感。接下来，我们试着列出在引语前后的叙述部分该说些什么，然后再试着写出会吸引观众的导语，以及一个给出结论但不带观点的结尾。大纲做完了以后，就有了一个基本的骨架，我们可以把剩下的故事一点点挂上去了。

为广播电视写作

创造力就是刺破凡俗寻找惊奇。

——比尔·莫耶斯（Bill Moyers），记者、作者

一旦你有了个不错的大纲，并且手头有最好的图像、声音和引语，你就为写作做好了准备。所有广播电视的基本写作规则都由一条规则衍生开来：在电视和广播中，你的目的是尽可能地让图像和声音发挥作用。图像和声音能做到叙述所做不到的。

这意味着真的没有空间写那些花哨的词语、额外的细节，或是啰里啰唆的长篇大论。精简地选词用句。如果一个词能说完的，就无须用一句；如果一个字能说完的，就不要用一个词。看看你写下的每一个字，然后问问自己你是否真的需要它。将每句话精缩到你可以精缩的极限，只留最后几个字。用句要短，通常用现在时。少即是多。实际上，一段两分钟的报道在文字上往往只有几段长。

知道了这一点后，你可能会觉得报纸是最好的传播媒介，因为它包含了如此多的细节。但若是想一想诸如“9·11”、飓风卡特里娜或是第一位非裔美国总统选举这样的大事件，你会意识到，广播电视相比纸媒有另一种独特的力量。

当你准备要写作时，在脑中构思文字时必须始终牢记图像和声音。在电视新闻中，你必须对每句话该配哪些图像有概念，这样文字才能作为图像的补充，而非重复它们。“图像驱动叙事，”WPIX 电视

的詹姆斯·福特如是说，“我在写文字的时候，假如头脑中有可以使用的图像，我便能更好地传达信息，并在最后剪辑时将信息与画面搭配起来。”永远不要告诉观众他们已经可以看到或听到的，而是传达他们所看不到、听不到的。你的叙述文字是图像的脚注，就像下面例子中那样。

例一：视频为倾盆大雨中一场针对裁减教师的抗议活动。

拙劣：“抗议者在雨中集体抗议裁减教师。”这重复了你看见的画面，没有新加入什么信息。

改进：“倾泻的大雨完全没能阻止这些人上街抗议市政府此前做出的裁减50名教师的决定。”点出了画面中的大雨，加了一些其他信息，但仍然重复了你已经看到的事情。

最佳：“他们在令人丧气的天气里聚集到一起，抗议一个他们称之为令人丧气的决定——裁减50名教师。”文字并没有重复你看见的信息，并且加上了一些巧妙的措辞，也添了细节。

例二：视频为再次参选的市长乔·威尔逊走出投票站。

拙劣：“再次参选的威尔逊市长今早投出了自己的一票。”这重复了你看到的画面，没增加什么信息。

改进：“今晨，威尔逊市长在沃德小学为这场竞争激烈的选举投出了自己的一票。”加入了新的信息，也解释了你看到的画面。

最佳：“市长可能是在微笑——但他再次参选的这场选举势均力敌，至今胜负难分。”点出了画面信息，又加入其他消息，并且写得很巧妙。

例三：邮局大火之后，消防员将装着湿邮件的邮筒滚出。

拙劣：“消防员浇灭中央邮局大火后，成千上万的邮件被淋湿。”这句话基本重复了你所看到的。

改进：“消防员花了两个小时控制住大火，浇湿了几乎整栋大楼及其内部设施。”这句更好些，因为添加了你看不到的细节，但还是重复了你看到的信息。

最佳：“这许多报废了的邮件会严重影响到一些当地居民的生活。”说这句最好是因为它点出了图像上的事实，并说出了你看不见的信息。

试着训练自己抽离图像一步，增加它的内容，而非描述它。

同样，在广播新闻中，窍门是用文字创造出能被自然声加强效果的画面。“不需要说‘清早的空气中满是奶牛的哞哞声’，如果观众能听见奶牛叫的话。”罗伯特·史密斯解释道，“你可以说‘他伸手打开冰箱……’而如果接下来你听到一罐啤酒打开的声音，你就知道发生了什么。”这与电视新闻写作一样，为声音配文同样字越少越好。

怎样将图像和声音与你的文字搭配起来呢？一条最常用的法则是用你最好的元素来开头，以次好的元素结束报道。用效果最强烈的声音或画面能一击即中，吸引观众的注意。当然，其中也有例外——有些画面可能未必是第二好的，但却能充当结束画面，比如日落、某人离开的镜头，或是单纯有美感的画面。如果这个镜头或声音能自然地结束这一报道，那就使用它。

广播电视导语

有了一个大纲后，我们和大多数其他记者都会试着从头到尾写出报道文字。从最重要的部分开始：导语。与报刊新闻一样，广播电视新闻导语的作用就是为了吸引听众，因此将最重要、最吸引人的信息放在此处。“我个人并不太相信观众能被慢慢吸引到故事里。我觉得你要在一开头就抓住他们，尤其是在我们这个时代，”CBS卫星新闻的琳·嘉莉克说，“广播电视新闻的平均长度是一分半钟，所以你不能浪费时间。”

通常，广播电视新闻的导语比报刊新闻导语的平均长度要短许多——往往只有一句10～20个词的句子——而它们的表述力量源自与视频的结合。让我们看看伊丽莎白·帕默这篇有关超音速喷射机空中客车380面世的新闻导语：

没有一架飞机面世时有如此噱头，还用上这么多的干冰。

视频镜头中，整个大舞台雾气腾腾，罩住了巨大的飞机。或者来看看这则由CBS新闻的史蒂夫·哈特曼（Steve Hartman）所写的导语，他是如今电视行业最热门的记者之一。这则新闻报道有人种出了像汽车那么大的南瓜。

这就像是“葫芦发了疯”。

此类间接导语并没有给你任何细节，但确实激起了你的兴趣。毕竟，你没法在导语里讲完整个故事。但你若能让某人开始关心，或至少是开始注意，那么你的目的就已经达到了。“要确保导语里有些东西能让其所介绍的故事值得观众花时间去看，”詹姆斯·福特建议，“事实上，即便这则报道好得宇宙无敌，假如观众在导语里听不到看下去的理由（这也是为什么导语前要放些噱头），就什么用都没有。”“噱头”（teases）即记者或主播用以提示观众之后的节目会有什么的说明，就像是迷你广告，目的在于让观众看下去，并且几乎每个电视新闻节目中都有，并且被费尽心思、做得诱人。

广播电视新闻导语，如纸媒导语一样，要使报道看上去既贴近观众又刺激有趣。“最近，我与一位作者讨论确保导语真正有效地传达到你——即观众那儿的重要性，”福特说，“其实并不一定要用‘你’

这个词（尽管这通常很有效），但写导语的时候脑中的确应该要带着这个问题：为什么你要在意导语导入的这个故事呢?”如果观众不在乎，他们就会换台。所以你的导语一定要简洁有力。回到邮局大火的这则新闻，一则好的导语可能会写成以下这样。

你可能以大火所造成的破坏作为开始报道的镜头，文字导语则直接指向观众：

> （邮局工作人员捧出成堆滴着水的信件）
> 假如你正在等什么邮件，可能就不那么走运了。

导语解释了你所看到的画面，但没有重复你看见的内容；导语同时解释了邮件投递可能遭遇阻碍，从而直接将报道与当地居民联系起来。

或者你可以用大火的镜头开始视频：

> （大火熊熊燃烧——浓烟从邮局滚滚而出）
> 成千上万封信件被大火焚毁。

这也既解释了画面又避免了重复，目的在于让观众关心自己的信件是否也被付之一炬，却无须用到“你”这个词。言简意赅。

假如看下任何广播电视报道，你会发现几乎每个报道都以简短有力的句子开头。有时你会见到一则导语有两句话，两句都很短小精悍，就像这则罗斯·米切尔所写的有关体育活动花费的新闻导语：

> 为印第安纳高中篮球赛摇旗呐喊这一传统已流传了好几代。但围绕这一运动不断增长的危险却并不为人所知。

可能在一则一分半钟的报道导语里你写不了两句话。但更长一些的报道你就可以用这样的导语引出。有时候只写一句话就是无法产生你想要的效果。

主播介绍

这里有另一项与纸媒不同的地方：当记者在写导语时，要确保不会重复主播在报道开始前的介绍。要记着你报道前几乎都会有主播做介绍，而你绝不希望你的第一个句子和前导介绍重复。若想避免这种情况，要么介绍也由你自己写，要么想象一下主播会怎么说。"一名优秀的记者总是会先将主播的导语写好，"史密斯说，"并且你要写得够好，这样主播才会真的照你写的读。"然后不要重复——从那里起跳，从那里开始接下来报道。"我的目标是，总是试着从故事的中间开始，从情节的中间开始，"史密斯解释道，"如果可能的话，在你听到些什么之前：或是一种声音，或是一个人在说话或喊叫，我试着只说几句话。NPR 新闻的速度有时有点慢，所以我想加快些。开头就应该传递出信息，'有些神奇的事正在发生，让我们去看看！'"贝丝在写作时，尤其是在写广播新闻时，总是先从最开头写起，然后删了第一二句话，以确保她直接进入了情节，也不会重复主播的话。

五要素

一旦你对自己写的导语满意了，并且决定了该用什么形式，试着起草文章的主段落。除了新闻的基本要素，五个 W 和一个 H，试着增加其他能带出细节、背景和上下文的事实。"我喜欢隔离开我想要带出的五个真正重要的事实，"琳·嘉莉克说，"然后我将它们排序。你以这个开始，它能抓住你，然后你衔接到这个，再衔接到下一个，再下一个。"对于一则较长的报道，可能能说清不止五个点，但在一个一分半钟长的报道中，最多能放入并解释完五个点。

还记得在上一章中，我们讨论过在文章的前百分之十要摆出五点要素吗？因为广播电视新闻稿要比报纸杂志稿短得多，纸媒稿的百分之十可能已经是一篇广播电视稿了。正如我们以上所述，如果将一段两分钟的电视稿记录成文字，可能只有短短几段。

一旦你找到了广播电视新闻的首五点要素，试着按逻辑把它们一一呈现，将叙事和引语穿插起来。叙述应该做出引语能证实的论断。试着用我们称之为广播电视三位一体（broadcast triad）的结构写你的报道：一句或多句话做出声明，一句重新点出上文观点并且带入引语的句子，以及引语本身。这听起来如我们在上一章中提出的“报刊文章的三位一体”一样模糊，因为它们都旨在达成同一个目标——论断、证明、归属。在写整篇报道时，凡需要处，都可以任意重复这三步，再加上最后的结尾，基本上文字稿便写成了。假如你在做人物或其他类特写，那么将引语加多加长；假如你在做一篇需要多加解释的复杂报道，那就少用些引语。

连接

最好的电视新闻稿与最好的广播新闻稿一样，巧妙地将自然声、叙述和采访原声融合起来，造就浑然天成的报道。每一个句子都需要与下一句连接起来，不论这是一个采访片段还是一段叙述。建立连接最简单的方法是在写下一句叙述时提及你在前一句引语中听到的内容，如下面几例：

引语：“我们招待过成千上万的熟客，要和他们道别很难。”

叙述：但无论如何还是要道别，因为自明天起史密斯游乐园就将永远关闭了。

引语：“我想大概所有美好的事物都有终结的一天，但我却从没想过他们会拆了这个游乐园。”

叙述：只是下周起他们就要把它拆了……腾出地方建一座新的购

物广场。

或者看一下迈克于2008年采访罗杰·克莱门斯的例子。

华莱士：你能通过测谎仪的测试吗？那台机器会证明你是在说真话吗？

克莱门斯：它会吗？

华莱士：我不知道。

克莱门斯：我也不知道。

叙述：他还不知道的是他此生是否会再次投球。

如果你不能延续引语中的主旨，那么就用些连接词，比如“但是”、“并且”、“同时”或“然而”等。你可以将声音与词连接起来，就像这样：

声音：（游乐园的主题曲在入口处的音响中高声播放着）

叙述：70年来，这一乐曲一直迎接着前来史密斯游乐园的游客们。

你也可以借助画面让报道自然过渡下去。事实上，你应该回到画面，尤其是当观众可能不太清楚他们看到的是什么时。例如，可以播放一组紧闭着的门的画面，然后说：“校董会正在门里开会。”这为视频内容增加了信息，而不仅仅是解释了人们所看到的。回到画面同样可以帮助你的观众紧跟报道。“我是一个晨间新闻节目的记者，我们在人们穿衣打扮，抓起早餐准备出门，或眼睛没有看着电视屏幕时播出，”詹姆斯·福特解释道，“所以我会在我的文字稿中不断回到视频内容：‘这个男人，张三或李四，警察说他造成了威斯彻斯特县75年来最致命的车祸。你可以从烧毁的残骸中看到……’而不是‘警察说张三或李四造成了威斯彻斯特县75年来最致命的车祸。’”回到画面带来的差别很细微，但却对观众很有帮助。

做到巧妙

要写出一流的广播电视新闻稿，另一个重要方法就是使用双关语，玩弄与新闻主题有关的文字游戏。这能使报道更为有趣。比如，在一则有关教堂钟响的新闻中，伊丽莎白·帕默解释说学生们得到学校去“learn the ropes”（学习拉绳）。[①] 或者以贝丝报道的世界厕所组织（World Toilet Organization，WTO）的新闻为例——真有这样一个组织存在。当时该组织正在莫斯科开年会。“厕所或许是个会让人发笑的东西，但也是个会让人飘飘然的地方，”她写道，“WTO组织的工作似乎没有白白被冲走。”这样的文字游戏不一定非得要让你叹息或微笑，但它们能让行文变得更有趣。要做到这一点，得努力思索与你报道主题相关的字词。必要时可以借用同义词词典，或者上那些能依靠关键字搜索词组表达的网站。不需要太过费力找这方面的资料，不过若是能放进几个双关语，的确会让你的稿子更有表现力。但千万不要做得太过，引申到某些陈词滥调或不合适的用法上，比如某些涉及种族、性别或与性有关的词语。

与纸媒写作一样，你要成为语言大师。在广播电视新闻写作中，漂亮的文字仍然很重要。一个词或一个短语就能让一篇报道天差地别。特别要用动词——有力的动词能达到最好的效果。你听到主播说：“科尔斯维尔州举止不雅的人。”诸如此类不是高质的广播新闻写作。更符合语法的说法是，“科尔斯维尔的人举止不雅。”写作中缺少动词很糟糕，而用陈词滥调同样如此。在广播电视新闻中，很容易就会照搬别人用过的字词，或是蹦出一些被过度使用了的语句，诸如“时间会证明一切”。要抑制住这样的冲动。同样，不要将你的报道做得太花哨。并不是每一则报道都能“独一无二”，正如不是每一种罪行都“骇人听闻”。不带夸张地展现你的故事，让你的观众自己决定该怎样思考。并且，要一以贯之地将你的个人情感排除在报道之外。

---

① 要为教堂敲钟，首先得学会使用钟下的绳子（rope），在英语中 learn the ropes 又有学习某事物、摸清门道的意思。

你要小心避免的不仅仅是显而易见的观点，还有词语的言外之意。

结尾

一则广播电视报道不会突然结束，它需要一个结尾，或者至少能在一个符合逻辑的地方结束，能给出某个结论或者让你有种终止感。“我认为如果你的故事讲得足够好的话，便不需要机械地摆出一个结尾。到了那里自然会存在一个结点。”嘉莉克解释道。想要找到准确的结束语可能得花些工夫。以引语做结尾力度有些弱。结尾最好能以记者的叙述收场，因为记者应当从整个报道的角度来打造结尾，这样报道才能长久地留在观众的脑海中。“你想用些可能会让你思考整个大局、整个全景意义的语句，”NPR 新闻的史密斯说，“我通常试着在某个带有象征意味的细节上着陆，然后读出来，这样听起来有终结性意味。”

找到一个合适的结尾往往比较困难。“我会试着在写作前期想出一个合适的句子保留到最后，”史密斯说，“接近截稿日期时，你写得快了，而且在快写完时，基本上能说的不多了，也只有‘时间能证明一切’或者‘环境影响评价草案于今年 6 月发布”这样的句子。这两种形式的结尾可能出现在近一半的 NPR 新闻中。而为电视新闻结尾则更为困难，因为剪辑时你还要将结尾词与合适的画面结合起来，这样文字和视频才会相衬，才会达到预期的效果。关键就在于要给你的观众留下可思考的东西，但是不要因此加入自己的观点。

完成电视广播新闻稿

一旦你写完了第一稿，要大声读出来。计算时间。仔细听读出来的文字。有什么在纸上看起来不错说出来却很困难？什么听起来有些尴尬？还能不能简缩？即便是将两个词缩成一个词也是种改进。能不能加上头韵？让几处词语以同样的音节开始。在没有做过头时，典型的广播电视新闻写作方式往往能让稿子听上去更好。你能不能写得更巧妙些？如果你还有时间，试着再往稿子中加入些与主题有关的字词短语。然后把你的稿子给同事看看。让与你合作同一个报道的人来做首位读者最好不过了。然后把稿子给你的上司过目。一个首次读到这篇文字的优秀编辑通常能将你的文稿改得更好。

组合你的报道

所有的电视节目都是教育类节目。问题在于：它在教授什么？

——尼古拉斯·约翰逊（Nicholas Johnson）
美国联邦通信委员会前特派专员

最后一步就是实体编辑，或称为组合，在这一步将文字稿和影像配成完整的报道。记录下叙事部分，然后编辑整个报道。不论是广播还是电视剪辑，现在都可以利用电脑完成，整个过程要比以往用录音或录像带的时代方便快捷多了。过去在剪辑报道时都以线性的方式将视频和声音从一盘带子拷贝到另一盘带子，如果想要在中间插入点什么，就得重新拷录有些已经拷录过的部分，这实在费时恼人。非线性编辑使这一切变得简单轻松多了——现在只消点击几下鼠标，就可随时加入视频或移走它们。

可以借助电脑后，新闻机构日益希望记者能自己编辑自己的作品。旧式的实体编辑需要专家，但非线性编辑并不难学，所需的软件也几乎每台电脑都可以下载。如果你真的想要成为一名记者的话，电脑编辑是一门值得学习的有用技能。

但无论用哪种系统编辑，都必须要遵守以下这些基本规则：

在电视新闻中，图像与文字必须相配；在广播新闻中，声音与文字必须相配。如果你在说一件事，播出的画面或声音却是关于另一件事的，你的观众或听众一定会摸不着头脑。在电视中，你在说什么，就播出与之相关的画面。图像比文字更有力。假如文字说着一件事，而图像说着另一件事，那么图像一定会占上风。这就是失败的电视节目。比如，假如你说总统的民众支持率正在降低，但却播放了人们在竞选现场为他疯狂的画面，那么你的文字一定敌不过画面。

要做一个精彩的报道，你需要一定数量的影像。你需要有足够的视频来覆盖你的文字。在素材短缺的情况下就开始剪辑必然会使成品趋于三流。如果你的画面不够，那就试着多拍一些，不然或买或借也都可以。

对时间的把控很重要。你的叙述必须与图像和声音一路对应，通常时间上恰好对应相关画面和声音才会有好的效果。要让你的文字和画面同步并不容易，不过一旦做到就能让人们将听到的与看到的联系起来。看看记者的这句叙述："胃旁路手术之后，露西·史密斯从这样……变成了这样。"如果她术前术后的图像没有在恰当的时间点出现，就失去了意义。

有时让图像和声音自己说话最好。记者常忍不住自己说了又说，但有时，观众只想自己看、自己听发生了什么。让图像和声音自己播放下去会让新闻更精彩。

在电视中，自然声同样很重要。看电视时人们习惯于关注画面，但当自然声与图像和叙述同时播放时，电视产生的效果最好。假如你在看电视时真的在仔细留意，会发现叙述会时而停下让位于自然声。这被称为自然声间歇（natural sound breaks）。如前所述，需要声音的不仅仅是广播。

别忘了你最终要做的是讲一个故事。编辑完以后，看看你完成的作品，问问自己是否说明白了何人、何事、何地、何时、何故、怎样、那又如何以及然后呢？想想一个普通人是否能理解你的故事。不要害怕再次修改和编辑，这样能使你的报道更精彩，尤其是当你发现在成品中有个你之前没看到的问题时。

复查是否已将最好的材料用于编辑完的报道中。记者有时太过关注文字，以至于忘记确认是否已将最好的图像和声音用到作品中。不要让这种事在你身上发生。你应该为自己建立一个体系，以确保最好的材料最终被实实在在用到了报道中，而非束之高阁。

重视同事们的意见。广播电视是个集体性的工作。要确保你已经寻求并且吸收了你团队同事的意见。

广播电视新闻中的引介与归属

一句好的引语在智者手中是钻石，在愚者手中则不过是顽石。

——约瑟夫·鲁（Joseph Roux），法国艺术家

在广播新闻中，使用引语时要特别小心：如果你没有在引语前介绍说话人，你的听众绝不会知道是谁在讲话，即便在报道中除了记者之外只有另一个人在说话。听众可能只是心不在焉地在听，或者刚刚调到这个频道，所以每次播放采访片段时都得提醒他们是谁在说话。第一次介绍说话者时，要使用全名，加上身份或头衔，像“科尔斯维尔市长约翰·史密斯说税收已经太高了”。但在之后提到时，便可以在采访原声前仅称“史密斯市长”，以语调示意这是他在说话。

专业的广播新闻记者有时的确会在不介绍说话人的情况下播放一小段采访原声。这种风格也能吸引到听众的注意力。听众听到了引语，然后会想：“唉，这话是谁说的？”接着记者就会告诉听众刚刚是谁在讲话。这种延迟指出说话人的技巧通常只会在后续有第二段更长的采访原声时才会有效果。第一段出现的引语是用来撩拨听众兴趣的。

另外，对于广播新闻还有一条很特别的要求：需要你在每句指出归属的句子前面，给出你的消息来源。“警察说张三从他邻居那里敲诈了一百万美元”。而不是“‘张三从他邻居那里敲诈了一百万美元’，

警察说”。要让受众在一开始就知道你的消息是从哪儿来的。不要让他们等。

屏幕标示

在电视新闻中，归属问题稍有不同，因为你有更多可用的工具——比如屏幕标示（super），可以将姓名和头衔放到屏幕上。这意味着你未必要像在广播新闻中一样，在引语前的引介中提及某人的名字或头衔。但如果屏幕上会出现提示，那么在拍摄视频时得为其留出空间。你会因为屏幕标示而失去屏幕底下约百分之二十的空间。所以当你拍摄一段采访时，采访对象在镜头中的位置要与提示出现的位置相对应（还应该为屏幕下的滚动条留出位置——如果你的电视台有的话）。在采访对象的胸部位置额外留点空间，这样屏幕标示就不会挡住他或她的脸。在决定是否用屏幕标示之前，你还要考虑所用引语的长度，要将某人的姓名和头衔放到屏幕上，你通常需要至少四秒钟的采访片段，因为观众阅读也需要时间。你还得事先知道你的节目能否使用屏幕标示——有些如 CBS 周日新闻这样的节目不允许使用这些标示。

播报新闻

我会仔细听他们是怎样讲故事的，听他们用了什么元素，这些元素听起来怎样。这些人就是我要仿效的人，那些在CBS新闻工作的人。

——艾德·布莱德利，记者

在如今媒介汇集的环境下，每位记者都应该有在广播或博客播报新闻的能力。对于电视新闻同样如此，尽管要出现在镜头前，记者还要一整套其他技能，比如说话时不过分摆动头或手的能力。（试试看，这可能比你想象中要难！）有些人天生有副好嗓音，这当然使得播报一则广播电视新闻变得更容易。但有一些嗓音一般的人也在这行干得有声有色，因为他们懂得将自己的才能发挥到极致。以下是播报新闻的一些小建议。

不要赶。不要因为觉得能说出更多信息而播报得很快。如果你的语速赶了，反而会妨碍听众吸收信息。慢慢说。如果说不完就去掉一些材料。

口语化。忘掉你可能从电影中听来的那种假声假气、装腔作势的播音风格吧。专业的播音员会试着让人听上去觉得正经，但又不过头。记住，每一次你只对着一个人播报。

语音不能单调。无论何时播音，都应当加重某些字词。这称为重读（punching）文稿。重读文稿中最重要的字词以突出它们。记者常常在他们想要重读的字词下划线，或者以大写方式打出。这能防止声音太过平直，听起来无趣。“我们在播音时会试着改变我们的语音——有时带疑问，有时带威严，有时听上去忍俊不禁或稍显悲痛。”罗伯特·史密斯说。这样做能使听的人感到更愉悦。

适当停顿。用停顿来强调——这一点公共电台做得较多，商业电台或电视做得较少。好的广播电视记者在写新闻稿时使用许多破折号或省略号，这样他们就能知道要在什么时候停顿，以及怎样有准备地读出这个句子。使用标点符号帮助你阅读，就像这样：“芭芭拉·沃尔特斯……新闻行业中最著名的采访人之一……最近出版了她的自传。”

语调要抑扬顿挫。把你的文稿看作一张乐谱，你的声音则是乐器。例如，你可以在自己的声区中读到高音、中音或低音。总之，女人要放低嗓门，男人则要提升声音，这样听起来才有权威感。

思考一下。你什么时候需要换气——要么在句子末尾，要么在字词的末尾。有些记者甚至会在文稿中标明要在哪里换气。你绝不愿自己听上去上气不接下气的。如果说得有些喘，这就说明你的句子可能太长了。

以播音的方式写文稿。你会怎样读，你的文稿就应该怎样写，比如，缩写 Y-M-C-A 表示要一个个字母读出来，而 NATO 则当成一个单词来读。为难读的词或名字注上音。号码或数字也应当以你读的方式来写，比如，应该写“7 500 亿美元”，而不是“＄7 500 亿”。

网络新闻如何运作

电视拯救了电影业。网络也将拯救新闻业。

——马特·德拉吉（Matt Drudge），记者、作者

尽管有些高质的报道类网站只有网络版，包括 Slate、Talking Points Memo 以及 Daily Kos，但大部分一流的网站新闻仍来自主流媒体，至少目前是这样。只存在于互联网的新闻网站会越来越受欢迎——而且，要想变得实实在在有用，它们就不得不遵循与传统媒体一样的那套道德准则。对于用户而言，确信他们在网站上阅读的内容是真实的并且被证实过的很重要。“我们优先考虑的是准确性、速度以及寻找其他新闻出版物没有发现的新闻或报道角度，”谈话要点备忘录（Talking Points Memo，TPM）的创立人、编辑和出版人乔舒亚·麦切·马歇尔（Joshua Micah Marshall）说，“准确、对读者做到基本的诚实，以及可靠的消息来源，这些仍然要做到”，就和传统媒体一样，他说。

除了这些相同之处，马歇尔说像他这样的新闻网站试图借助互联网的媒介优势，做些与传统媒体不同的事情。“我们想做的是发展出一种独适于网站的报道风格，并且最大限度地利用其优势，弥补其短处。”他说，“主要就是指我们称之为‘迭代’风格的报道，即我们不是以一篇新闻的形式做报道，而是以一系列的帖子、在一段时间内，一小时接一小时、一天一天、一周一周不断地从各个面将新闻的完整

性呈现出来。”这种报道风格为这一网站赢得了人气和赞誉。TPM 于 2000 年年末以佛罗里达州总统竞选重新计票的报道亮相新闻业。（当时到底是布什还是戈尔能赢下该州还是未知数。）之后其迅速扩大为以政治新闻为主的网站，并且做了不少精彩的报道。马歇尔也凭借一篇有关布什政府出于政治原因解雇八位美国律师的调查性新闻，于 2007 年获得了新闻业的顶级荣誉之一：乔治・波尔卡新闻奖 (George Polk Award)。“马歇尔不懈的调查报道激起了传统新闻媒体的兴趣，最终迫使美国司法部部长阿尔贝托・冈萨雷斯（Alberto Gonzales）辞职。”当时的颁奖词上如此写道。这次波尔卡新闻奖的颁发证明了网络新闻也可以做到一流，并且同时履行新闻最崇高的使命。

网络报道与其他报道最重要的不同之处在于网络新闻是立即生效的。你可以很快就把一些东西发布到网站上，而报纸要等着印刷，广播电视还要等着播出。对于新闻消费者而言这很好，但对于新闻制作者而言就不太好了。网络因其时时要求更新新闻，基本上把所有记者都变成了类似通讯记者。“过去几年的趋势是，越来越多的主流新闻机构开始倾向于我之前所说的迭代式报道。”马歇尔说。尽管报纸还是一天只印刷一次，读者现在期望报纸的网站可以一天 24 小时更新新闻。

过去，主流报刊的记者一天只要写一篇报道。他们可能会工作一天，有时候工作到深夜，赶着截稿时点交上报道，第二天又是如此。但这种形式已经一去不复返了。现在的报刊记者只要有突发新闻就要随时交稿。“一旦有突发新闻，我现在可能全天要写出两篇或以上的网络版新闻，而不是像以前那样花一整天在城里跑着报道，打电话并且做调研。”《洛杉矶时报》的金・墨菲解释道，“然后，这天快结束的时候，报纸又希望能登出些不同的东西，以事件发生后第二天的眼光来做出解读分析，而不是仅仅停留在网上报道的事实上。你的工作量因此而翻倍，你在过去可以用来收集细节、精雕细琢报道的时间却大大减少了。”这种变化并不是每个人都乐于见到的。“网络的诞生应当让更多的人来做两边的工作，”墨菲说，“但现在我们的情况却相反，两倍的工作由一半的人来做。”

记者安东尼·拉米雷斯指出，由于网络所要求的快节奏，现在不再有时间核查送往报纸的新闻稿和其他信息。“通常，无论是都市还是金融消息，一些新闻总先以公告资料的形式出现，往往带着官腔。”他说，“在互联网时代以前，我会打电话给某个对此了解的人，问问这篇稿子上的是什么意思，可能读给他听，让对方做个快速评估，然后我就开始认真地采访。”他解释道。这种报道方式只需花大约一个小时，但拉米雷斯说在如今的网络时代，这段等待的时间已显得太长了。“现在，我应该不加评估地立即把这则官方信息放到网上。这不是《纽约时报》过去的风格，但他们现在的确是这么做得，因为只有这样才能为网站带来流量。”他说。

网络同时还改变了广播电视的工作方式。ABC、NBC 以及 CBS 新闻的记者们过去可以在报道前等上好几个小时（如果他们的节目不是马上开始的话）。比如说有件什么事在中午发生了，但电视台要到晚上六点半才有新闻节目。这就给了记者时间去思考、报道并精制新闻。但如今，一旦有重大新闻发生，电视台就需要马上制作报道视频放上网站，即便离下一档的新闻节目开播还有几个小时。这能更快地给观众提供新闻，但也意味着报道的质量可能不是那么高了。

“我经常说的一句话是我很高兴自己如今已经不在这一行了，因为我不太肯定我还能做什么，”前 CBS 和 NBC 新闻记者马文·卡尔布坦白道，“如果我对一个事实不肯定或者不完全肯定的话，我不确知自己是否真的会就这么把它摆上节目。”正如互联网正将纸媒慢慢转向通讯服务，它也正将在固定时间播放节目的广播电视慢慢变成7×24小时的有线新闻频道，一整天无时无刻不在播报新闻。因此，新闻质量和事实核查不可避免地受到影响。

我们同时怀疑在网上阅读新闻是否会使得人们的注意力更难集中到如书本这样的长篇文字上。一些人现在已经习惯一次只读屏幕上几页的文字，如果要一下接受有关某件事太多信息的话，他们便开始走神。这使得新闻在报道一开始就抓住读者兴趣这一点比过往任何时候都更重要。

但互联网也有其实实在在的优势。“针对任何事你都可以做极深入的调研，”《纽约时报》执行编辑吉尔·艾布拉姆逊说，“单说时报网站——如果你进入我们的‘话题’页，就可以这么一直读下去，任何话题的所有背景资料都可以摸透。”

网络还能收录更多的新闻，比任何报纸、杂志或广播电视都要多。就拿美国公共电视网（Public Broadcasting Service，PBS）关于伊拉克的纪录片《布什的战争》（*Bush's War*）来说——此片是于2008年播出的《前线》（*Frontline*）系列的一部分，制作人不仅将两部分纪录片完整地放到了网上，还提供了《前线》节目就伊拉克问题所做的400多段采访政府官员、专家以及其他相关人士的视频链接。要看完这些视频得花上好几天，但将它们发到网站上而非束之PBS的档案库，就可以让每个人都能看到这些采访。这实在太棒了！迈克1957—1958年在ABC新闻的早期采访现在也能在网上看到，而不是被搁在某个阁楼里。网络的另一个好处就是能让人们拿到原本可能要费时得到或很难找到的独创文件资料。

我们也很喜欢现在被称为“公开消息源报道”的主意——你向受众寻求新闻选题，并让他们一起帮助之后的报道。这显然是让那些受这一新闻影响最大的人们带来新信息的妙招。同样具有革新性的是，如今新闻事件的见证者可以方便地将他们的照片及视频与记者们分享。但是（与其他任何媒介的情况一样），如果提供帮助的人要收费，这会让我们都感到不舒服，因为这或许会制造让人们说谎的动机。我们将在下一章中详细说明这一事关道德的问题。

互联网为人们评论新闻并与记者交流创造了方便的途径，这一点我们也很赞赏。有时人们只是在网上骂一骂闹一闹，但有时他们也会给出有趣的个人观点或专业意见。这对于记者评估人们如何看待他们的报道也有帮助。“大部分《纽约时报》的读者都有较高的文化水平，也很温和，除了任何涉及以色列的事情——这一点我很庆幸。”拉米雷斯在谈到读者反馈时说。CBS新闻的一位记者最近给所有同事发了一封邮件，指出他有一篇关于医疗保健的文章招来了成百上千条非常有趣的评论。如果这些评论中的某些能发展出更多的报道，那就更好了。

所有这些对于如今刚刚起步的记者来说意味着什么？年轻的记者需要创新性地思考如何最大限度地发挥网络的优势。想想如何利用网络为现有的报道增值。你能不能将采访的完整版放到网上？你能不能制作一个事件发展的时间线？或做一个小测试？在这个人们的注意力持续时间极短的时代，你还需要思考如何使用不同的图表来描绘或简化复杂的信息。如果这方面不是你的强项，那就翻阅一下爱德华·塔夫特（Edward Tufte）的书，他是耶鲁大学的退休教授，出版过几本如何用图表展示信息的精彩书籍，同时亦被称为当代最具影响力的图表设计师之一。

显然，所有记者都必须知道该如何将互联网用作报道的基本工具。但在利用互联网为报道增值方面，你越有创意，就越有可能在这个媒介汇聚的时代体现你的价值。

第六章　新闻的灵魂：法律与伦理

伦理是明白你有权做什么与做什么是正确的这两者间的区别。

——波特·斯图尔特（Potter Stewart），美国高院法官

如果在过去几年里，你一直在关注新闻，很可能读过一些含有记者重大过失的报道。这些犯下重大错误的记者已经动摇了新闻行业的基础。《纽约时报》记者杰森·布莱尔（Jayson Blair）曾杜撰了至少36篇新闻故事。他曾撒谎说自己在其他地方报道新闻，但事实上在他被发现的几个月前，他一直待在纽约编造新闻素材，抄袭剽窃他人的作品。之后是《今日美国》（*USA Today*）的记者杰克·凯利（Jack Kelley），他不仅在十多年的时间里编造了部分新闻，并且为了不被发现自己违反规定，甚至要求他的朋友伪装成新闻线人以应对编辑核实新闻真实性的要求。在一段CBS新闻中，一条未经证实的丑闻差点终结了CBS主播丹·拉瑟和他四位同事的职业生涯。这条丑闻是关于一些声称乔治·W. 布什总统作为年轻的飞行员在越南战争中受到优待的备忘录，而这些备忘录中的内容其实从未被证实。但在当时，整个CBS电视网核实新闻真实性的体系看起来都失灵了。当然，这些都是新闻伦理中很极端的例子，不过它们的存在表明，在新闻伦理与法律中有一个不变的底线是多么重要。为了做出最好的新闻，记者需要被道德与法律约束。

伦理的重要性

新闻机构把伦理看得很重要。大部分主流新闻机构都有着冗长的书面标准，这些标准为记者的行为定下了准则，记者也需要这些准则来指导他们的行为，因为几乎所有我们认识的记者都曾在工作中遇到过伦理问题，我们自己当然也遇到过。贝丝回忆说："我记得有次报道一家莫斯科手机店的开张，店员给所有记者送了昂贵的手机。我和我的同事们是仅有的没接受手机的几个人，这令那家店的公关代表很惊讶，但我解释说 CBS 新闻网有规定：员工不能接受礼物。我可能可以避免惩罚，但为了 550 美元的手机而危害我的事业并不值得。"网络新闻机构可能没有书面的行为准则，但大部分传统媒体都有，而且这些行为准则并不只是用来展示一下而已。《纽约时报》的高级编辑比尔·凯勒说："我们尝试实行一系列的标准。虽然报纸是由人生产出来的，我们做不出完美的报纸，但是我们试着尽力公平而准确地报道新闻。"

记者应该坚守一些伦理准则，这不仅仅是为了保护他们的新闻事业，更是为了维护他们作为记者的名誉以及新闻机构的生计。通常来说，新闻媒体不会因为伦理或者法律层面的失误而被业界排斥，但伦理或法律的问题可以侵蚀观众的信任，随即，媒体会失去观众、广告，还会失去其他人对采访真实性的信任。许多人已经相信媒体是有偏见的、不公正的，每当一个有违新闻伦理的错误发生时，他们就可以指着这个问题说："看吧？我告诉过你！"因此，伦理与法律构成了新闻值得信赖的框架。

由于伦理的困境常涉及多个领域，因此很难把记者可能会遇到的伦理困境逐个加以分类，但以下是记者最常遇到的一些伦理问题之概览。（诚然，很多事件有明显的伦理问题，但记者还是会在日常生活中越界，并因此带来麻烦。这些问题值得强调。）

抄袭剽窃

记者有时会引用其他记者的报道内容，或者重新使用其他记者搜集过的引述。只要报道中包含了新闻素材的来源，这报道就不算是抄袭剽窃。记者很少把其他人的新闻素材简单地据为己用，但如果他们那样做了，就是抄袭。《纽约时报》记者杰森·布莱尔在被解雇前做的最后几件事中就包括剽窃一篇得克萨斯当地报纸的新闻故事。这则新闻是关于一个家庭中当兵的儿子在伊拉克失踪的故事。原先的报道中是这样描写这个家庭中的母亲的："她谈论了细条纹布料的沙发，红色立绒盒子里那条由块状饰品串起来的手链，还有玛莎斯图尔特款式的庭院家具。"八天后，布莱尔在新闻故事中说："胡安尼塔·安吉亚诺骄傲地谈论了细条纹布料的沙发，红色盒子里那条由块状饰品串起来的手链，还有庭院里玛莎斯图尔特款式的家具。"当最早报道此新闻的作者看到布莱尔的版本后，她提醒了她的编辑，这个编辑于是打电话给《纽约时报》。《纽约时报》的报道团队调查了此事，他们不仅发现布莱尔从未采访过这个母亲，而且得知布莱尔曾多次编造事实。布莱尔被开除了，他的名誉也受到了损害，新闻事业因此终结。布莱尔之后在他的自传中说，他想在报纸上发表新闻的强烈欲望，还有一些例如服用可卡因、滥用酒精、躁狂抑郁症的个人问题，引发了他欺骗撒谎的行为。

现在，互联网使得剽窃抄袭变得更容易了。你只需点几下鼠标的操作便能复制粘贴。但同时，网络也使得剽窃抄袭的行为更易被发现。在网络时代之前，为了查找剽窃的内容，你需要在图书馆或者在一个发行市外报纸的报摊找到一份报纸的印刷版。如今，你可以在网上轻松地寻找报纸，另外，网上还有一些提供自查抄袭的软件。

编造事实

假设你正在办公大楼外搜集人们对某个新闻事件的反应，记者称这种新闻采集的方式为 vox pop 或者 MOS（man on the street，路人采访）。若是你编造了一些反应，你可能会觉得没人能察觉到。但你会惊讶于经验丰富的编辑挑出伪造引言的速度。况且，万一你的编辑要求听一下街头采访的录音呢？没有录音可能会引起更多的怀疑。又或者，万一你采访了一位路人，但是却编造了他/她的话呢？这种做法可能在伦理上引来更严重的问题，因为这意味着新闻来源的个体必须为其没有说过的话负责。那是严重违背新闻伦理的做法。

近年最著名的新闻故事编造事件发生在《华盛顿邮报》一位名叫珍妮特·库克（Janet Cooke）的记者身上。她在 1980 年写的一篇关于华盛顿特区一名八岁海洛因毒瘾患者的新闻故事获得了普利策奖。这篇故事的名字是《杰米的世界》。然而由于这篇故事损害了华盛顿特区的形象，特区的市长马里昂·巴里（Marion Barry）让官员在整个城市搜寻患上毒瘾的孩子。一无所获后，库克承认，杰米是捏造的人物。她从《华盛顿邮报》辞职并且归还了普利策奖。库克的事业毁于一旦，邮报的名誉也遭受了打击。

操纵

有一些著名的伦理案件涉及一些新闻机构故意操控某些事情来达

成特定的结果。最著名的案例发生在 1992 年，新闻杂志《日界线》（*Dateline NBC*）在“等待爆炸”的专题部分调查了通用汽车的卡车油箱安全问题。这档节目播放了一段令人害怕的视频，一辆通用皮卡在低速行驶中与另外一辆轿车侧面碰撞后油箱爆炸。出乎意料的是最后人们发现 NBC 新闻栏目使用的冲撞测试仪安装了小型的点火装置，他们操纵了油箱的爆炸，如果不用点火装置的话，他们无法使爆炸发生。通用汽车起诉了 NBC 新闻，两方最终在庭外达成和解。尽管双方达成了和解，但此次事件给 NBC 新闻的名誉带来了污点。NBC 新闻不仅在直播节目中道歉，其主席也因此辞职。

你也不能操纵人们说一些你想让他们说的话。CBS 新闻网的伦理教授琳达·梅森说：“你不能把话语强加给别人。有时候你做了很多准备，在采访前与被访者交谈过，而且他们在电话中也说得很棒，但当你真的开始采访他们的时候，他们却一言不发。那你不能说，‘你看，昨晚我们讨论的时候，你说了这些和这些。你能不能再说一遍？’”在新闻行业中这样做是不被允许的，就好像在法律审判中引导目击证人也是不被允许的。受访者可能会对诱导性的提问产生反感并说：“嘿，请不要把这些话强加于我。”但往往应该由记者们进行自我约束。

说到操纵，一种需要更谨慎加以对待的情况是为了达成某种版面的效果而扭曲新闻事实。编辑常常对一些自己想要的故事有些具体的想法，某些时候，他们发现自己的想法与记者的调查并不吻合。1985—1989 年在《财富》杂志工作的记者安东尼·拉米雷斯回忆道：“在一篇有关亚裔美国人商业总裁的封面故事报道中，《财富》杂志的编辑想让我删除所有与种族有关的言论，因为他们想要一个关于‘成功’的故事，并且只是一个成功的故事。”安东尼说，“编辑同时也想要一篇推测亚裔在基因上过人一等的附带报道。”这使得安东尼·拉米雷斯在写作过程中感到不适。他虽然写出了报道，但非常愤怒，以至于接下来的一周他开始寻找另一份工作，并很快离开了《财富》杂志。

隐私

罪犯的名字应该被公之于众吗？如果罪犯是未成年人呢？一个人的性取向应该被公之于众吗？其他个人的信息该如何处理？许多新闻机构对处理隐私问题都有指导意见，比如要不要使用性侵受害者的真实姓名？要不要使用未成年罪犯的名字？但这些指导意见不能解答所有现实生活中会出现的情况。回想一下 2009 年的纪录片《被损害的愤怒》（*Outrage*），这部纪录片调查了那些反对同性恋的议员，并声称他们中的许多人其实秘密地保持着同性恋者的身份。电影评论员在评论这部片子时产生了伦理上的疑问，评论员需要衡量是否提及电影中国会议员的名字。有些评论提及了，有些则没有。

再回想一下芝加哥小熊队（美国棒球队）的球迷斯蒂夫·巴特曼（Steve Bartman），他在 2003 年国家联盟冠军赛系列赛中干扰了一个界外球并导致小熊队的队员出局，之后芝加哥小熊队输掉了比赛，并最终输掉了整个系列赛。当时芝加哥报纸面临一个两难的选择：在明知这名球迷可能会被伤害的情况下将他的名字与家乡公之于众，还是选择保护他的隐私？最后大部分报纸都报道了他的名字与家乡，无疑，几分钟内就把巴特曼的名字曝光的互联网对此起到了推波助澜的作用。

记者有时也会拿到具有新闻性的私人信息，比如邮件通信、电话录音、电话留言。他们需要决定是否使用这些信息。类似的例子发生在 2009 年 6 月，一些记者报道了南卡罗来纳州州长马克·桑福德（Mark Sanford）在阿根廷有一位情妇。在这件事被揭露后，一份南卡罗来纳州哥伦比亚地区的州报展示了一些州长与情人的电子邮件记录。这些电子邮件记录是这份报纸一年前获得并未刊登过的，当时报纸的编辑并不能确认这些通信记录是否真实。

但注意了，一些记者曾因为使用非法材料而遭受惩罚。《辛辛那提调查报》（*Cincinnati Enquirer*）的记者迈克尔·加拉格（Michael Gallagher）写了22篇新闻报道陈述辛辛那提的水果公司金吉达国际（Chiquita Brands International）的非法行为。这22篇报道刊登在1998年的同一天。报道指责了这家公司在拉丁美洲的不道德行为，其中包括无视当地的法律、贿赂政府官员，并让公司的工人使用化学制剂。这些报道都是基于成千上万条该公司的语音留言写成的。加拉格起初说是公司内部的一名线人将这些语音留言泄露给他，但事实是他自己在该公司某雇员的帮助下进入了语音信箱的系统并获取了这些信息。《辛辛那提调查报》后来撤回了报道，并且支付上百万美元以弥补金吉达国际的损失。加拉格不仅被解雇，后来还因两项重罪受到控告。

感到隐私被侵犯的公众可以上诉法庭，法庭基本上都会维护公众的隐私权。法院已经定义了四种侵犯隐私的情况：擅闯他人房屋或者侵犯私有财产，将私人信息公之于众，公布私人信息并让公众对其产生误解（这一点与诽谤中伤有细微的区别，我们会在之后详述），在未得他人允许的情况下窃用该人形象。

所以当记者在决定怎样处理隐私问题的时候，记者应当同时考虑到合法性以及职业伦理。有些时候不同媒体有不同的伦理标准。比如，整个娱乐新闻产业依靠一些可能侵犯或接近于侵犯名人隐私的内部消息发展起来。还有一些出版物则规定要揭露政治家与明星的同性恋倾向。

新闻机构各有不同的发展目标，考虑到现实情形又各不相同，这使得制定一些条例来帮助决定是否报道可能侵犯隐私权的新闻变得困难重重。唯一的准则是，每个新闻机构的记者与编辑在做有关隐私权的决定时，必须在律师的陪同下充分考虑伦理问题会产生的影响及其可能的法律后果。

与线人的接触

我们已经讲过记者与线人如何能在建立关系后互相获益。有时候记者与受访者的关系会由职业上的联系发展为友情甚至爱情，这会让一些事情变得复杂。虽然记者尝试保持客观，但他们与新闻中某些人物的关系会影响到他们。当有直接的关系冲突的时候，大部分记者会退出新闻故事的报道。这很容易理解，如果你的丈夫成了市长的话，你就不能去报道他所在的这个城市。但事情总是比上述情形来得更复杂。如果你不能接近你的线人，你可能从他们身上获得不了很多信息，但如果你和他们走得很近，客观地报道一则新闻故事又会变得不那么容易。有时候，职业关系与私人关系的界限很难划分清楚。

迈克对这个问题略知一二。他和尼克松总统有着很好的私人关系。迈克在 1960 年和 1968 年报道了尼克松竞选总统的新闻。他对尼克松的才智及其对事实的把握颇为钦佩。迈克回忆道："我记得在一架从俄勒冈到纽约的飞机上，我们恰好并排坐着，于是我们聊了很长时间。他在很多方面都很棒，他很聪明，很有想法，他还有一位很聪慧的妻子和几个优秀的孩子，我发现自己很容易对他产生好感。"在尼克松 1968 年赢得选举之后，他问迈克是否有意出任他的新闻秘书。迈克考虑了他的提议，但拒绝了他，他那时候刚开始为新节目《60 分钟》工作，他想看看那个节目能走多远。

迈克处理潜在利益冲突的办法是，减少采访熟人的次数，以及像对待他的敌人那样对他的朋友提出难以回答的问题。在拒绝为尼克松工作后，迈克不再报道尼克松的日常生活，但是当水门事件曝出后，迈克对尼克松的主要顾问提出了比任何人都尖锐的问题。在这个例子中，专业主义对迈克来说意味着把与尼克松的个人情感放在一边，无论事情会往哪个方向发展，都继续坚定地报道新闻。

迈克被尼克松的才智所吸引，但如果记者与新闻人物在生理上也互相吸引，该如何是好呢？当金·墨菲在报道有关洛杉矶法院的新闻时，发现自己被她报道的案子中涉及的一位主要律师所吸引。金·墨菲回忆说："他曾经是我新闻故事撰写过程中经常联系的线人，为了把他培养成线人，我们经常共进晚餐，他总是在晚餐时间不厌其烦地讲述法庭的案例、联邦法官精彩的趣闻，还有他们各不相同的审判经历以及个人经历。在'培养线人'的过程中，我们渐渐对对方产生了好感。这种情愫我们自己从未提及，直到有一次结束晚餐后我走回自己汽车的路上，他让我顺路拜访他的公寓并在我离开公寓时拥抱了我。我意识到在某种程度上，事情已经越界了。我把自己的想法告诉了他。他说他不能理解我们所做的为何是错的。在那之后，我们不再一起吃饭了，我开始大幅减少报道他的案例。对我来说这是个耻辱，因为我不能再像以前那样从他那里获取信息，我的工作也不像以前那么受重视了。我感觉很糟糕，因为这样的事情不会发生在男性记者身上，如果是一名男性记者的话，他可以继续不受伤害地和这个律师约会。"

一些记者在那种情况下会因为越界而被解雇或者辞退。举例来说，时任《哈佛商业评论》编辑的苏济·维特劳弗（Suzy Wetlaufer）在 2001 年做一期人物简介时，采访了通用电气的主席杰克·韦尔奇（Jack Welch）。虽然韦尔奇当时已经结婚，但两人没多久便坠入爱河。当此事发生的时候，维特劳弗告知了她的上司，并且要求杂志不要刊登她的文章。文章的确未被刊登，她也继而被解雇。对她来说，事情的结局并不差，也许是因为她做了伦理上正确的事情，并在文章发表前就公布了两人的关系。杰克·韦尔奇与苏济·维特劳弗现在已经结婚了，他们写了一些畅销书，并在多家报纸发表专栏。不过在这里我们能学到的是：如果与线人步入爱河，最好立刻公开这段感情，并要求上司安排另一份工作。

线人与记者的关系可能在商业领域受到最多监管，基于报道中的信息，商人可能获得或者损失数以百万美元。尤其是商业记者，有钱有势的人会经常找到他们。所以报道商业新闻的记者必须小心翼翼地避开不适当的个人关系。他们同时还要小心那些试图利用人际关系来释放或获取一些商业信息从而达到挣钱目的的人。大部分新闻机构对于用内部信息来换取物质反馈都明令禁止。然而，获得准许与明令禁止间只有一线之隔。2007 年，财经新闻网 CNBC 的名记者玛丽亚·巴蒂罗姆（Maria Bartiromo）被指与花旗集团有密切的关系，尤其是与花旗集团的一位执行官有密切联系。巴蒂罗姆在媒体上遭受了谴责，但可能她“金钱宝贝”的身份让她在观众中太受欢迎，CNBC 支持了她，顺便提一下，“金钱宝贝”已作为昵称被注册为商标。有趣的是，巴蒂罗姆的事业后来蒸蒸日上，但受到质疑的花旗集团的执行官却遭解雇，如今已另谋高就。

商业考量

现在大型媒介公司或企业旗下拥有众多新闻机构。这种情况有时候会产生利益冲突进而影响记者的报道。比如，康卡斯特（美国最大的电信公司之一）持有 NBC 环球大部分的股票，那么如何让 NBC 新闻做一条涉及康卡斯特负面的调查性报道呢？这是直接的利益冲突。

当然，新闻机构很难忽视一则涉及母公司的重大新闻，一些新闻网也确实报道过一些母公司的新闻。但事实是，一家报纸或者新闻电台很有可能不去深度调查它的母公司。当一个媒介集团拥有多家媒体后，事情变得更加复杂。鲁伯特·默多克媒体集团旗下拥有报纸、杂志、电视台、有线新闻网、摄影棚以及出版商。如默多克媒体集团一样的帝国中每一个媒体都有可能给其兄弟媒体做正面的报道。你可以称它为集团协作，也可以视它为问题报道的来源。

新闻机构与广告商也会有利益冲突。众所周知，如果出版物或者媒体给了广告商不太光鲜的报道，广告商就会撤下广告。举例来说，2005 年，为了表明对有关通用汽车的社论的不满，通用汽车公司从洛杉矶时报上撤下了广告，历时约四个月。新闻公司也会面临其主要广告商涉及负面新闻的难题，报道负面新闻会让广告商撤下广告，新闻公司就必须承担上万甚至百万美元的损失。记者也可能放慢脚步来调查其所在新闻机构的主要广告公司。同时，广告公司应该不会想要把广告投放在调查过其商业行为的媒介平台或者出版物上。

另一种困境是新闻机构会担忧一则重要且具有新闻价值的故事可能会招来高价的法律诉讼。迈克对烟草产业所做的报道就是一个很好的例子，他的报道日后为电影《惊曝内幕》（*The Insider*）奠定了基础。烟草制造商布朗-威廉姆森（Brown & Williamson）的前执行官杰福瑞·维甘德（Jeffrey Wigand）1995 年在迈克的独家采访中说他的公司很清楚香烟中的尼古丁会让吸烟者上瘾，但公司还是公开宣称了相反的意见，他的公司还明确知道香烟中的化学添加剂对身体有害。这是第一次由烟草产业内部的人出面讲述烟草买卖背后致命的秘密。迈克做出了很精彩的采访报道，然而 CBS 新闻的行政官在考虑到财政的因素后几乎放弃了整个故事。原因是在与《60 分钟》节目的对话中，维甘德违反了与布朗-威廉姆森公司的保密协议，使得 CBS 新闻可能招致上百万甚至上亿美元的法律诉讼。

不顾潜在的法律代价，迈克极力争取播出这段采访，但最终还是被上司否决了。最后取而代之的是，他在《60 分钟》播出了删减过的烟草报道，节目以迈克对着镜头告诉大家 CBS 新闻不允许播出完整的新闻而结尾。后来，《华尔街日报》引用了许多与迈克访谈里相同的信息，他们刊登了维甘德的新闻并且承担了可能随之而来的法律责任，在那样的情况下，迈克的上司才稍稍松口，并且最终播放了迈克与揭秘者维甘德之间的整个采访。

迈克并不觉得这件事情值得骄傲，他对于事情在电影《惊曝内幕》中的呈现也颇为不满。迈克说："看了《惊曝内幕》的人都觉得我们的团队没有跟随道德的指引，事实却不是这样。"（更多有关维甘德访谈影响的讨论，详见迈克早期写的书《在你我之间》（*Between You and Me*）。）

事关竞争的两难选择

有时一些新闻记者因要保持竞争力而身处艰难的境地。他们可能在没有完全准备好新闻故事的时候就需要赶着时间将新闻印刷出来或者播出，原因可能是他们得到小道消息说他们的竞争者已经有了完整的新闻故事。（即使新闻机构往往会对他们的行动保密，在公司之间依然会有许多流言。）将准确性没有完整核实过的新闻刊登或播放出来会引致麻烦。2004 年 CBS 新闻的节目《60 分钟 Ⅱ》在报道"备忘门"时就发生过这样的事情。报道称乔治·W. 布什 1972 年和 1973 年在得克萨斯空中国民警卫队（TexANG）服役时受到了优待。报道的证据来自于六份影印文件，文件称布什的上司被迫提高布什的成绩并对布什豁免在空军服役中的一些要求，例如体育测试。这则新闻的制片人玛丽·梅普斯（Mary Mapes）不仅获取了原版的文件，并且负责辨明这些文件所陈述事实的真伪。

CBS 新闻成立的一个独立复核小组在几个月后发布报告，判定梅普斯和记者拉瑟在未辨明文件真伪的情况下将新闻抢发。事实上，仅仅在梅普斯收到问题文件六天后，新闻就播出了。她当时明白其他新闻机构也在做相同的新闻，并认为其中一家会抢先报道，她想让 CBS 新闻拔得头筹。报告中说："这些问题主要源于负责人目光短浅、一时热情，尽管有很多指标表明文件存在缺陷，负责人还是想成为第一家播放这条被认为是有关布什总统服役的新消息，即使在节目播出之后，负责人还为节目做固执而盲目的辩护。"

与早前提到的一样，几乎所有在报道中涉及审查的人都被解雇了，或者像拉瑟那样，被劝说离开 CBS 新闻。这则丑闻让 CBS 的名声受损。作为在 CBS 掌管伦理及行为准则的高级副总裁梅森对这件事情解释说："我们的权力制衡不再管用了，从那时起，我们修改了整个制度。"

安全考虑

记者偶尔需要处理一种关于是否播放、发布有可能威胁国家安全的新闻的困境。这很少发生，但确实会发生。自从 2011 年的"9·11"袭击后，记者们可能慢慢考虑到了国家安全这个问题。在这类困境中，记者必须衡量一条大新闻可能带来的对国防利益的损害。

此类情况中最著名的故事是所谓的《五角大楼文件》一例。《五角大楼文件》是 1967—1968 年由美国国防部修订的长达 7 000 多页的有关越南战争的文件。它们本是机密文件，但一位国防部的分析员掌握了这些文件并将它们泄露给《纽约时报》。1971 年起，《纽约时报》开始刊登这些文件，但政府要求《纽约时报》停止刊发这些文件，并表示刊发会损害国家安全。这个案子的耗时创造了纪录，最后被层层上交到美国高院审判。法官最终裁决《五角大楼文件》不会威胁国家安全，可以刊发。但同时，法官表示政府原则上可以阻止媒体报道会直接危害国家安全的新闻。

在战争时代也有特殊的关于国家安全的担忧。自从记者这个职业诞生以来，记者便常常随军队进入战场，但近年来，随着科技的创新，战地记者受到比以往更多的限制。许多美国记者在 2003 年美军进军伊拉克时成为随军记者，自那以后，更多的记者与驻扎伊拉克和阿富汗的部队随行。在随行期间，美国军队通常不允许记者报道一些可能危害军队的内容，比如军队所在的准确地理位置。记者们为了与美军随行，同意接受一定程度的审查。由于记者在随行军队中的位置微妙地削弱了记者的客观感受，我们认为他们随军的决定会导致他们对于战争的报道在总体上趋于正面。记者的吃住行都与军队一起，这会慢慢侵蚀一些记者保持客观距离的做法。我们已经听过不止一名记者在报道军队新闻时使用了“我们”这个字眼。

另一种担忧涉及记者自身的安全。记者有时候需要去往危险的地方，他们可能会被绑架、受伤甚至遭到杀害。那种情况也造就了记者的两难境地。举《纽约时报》记者大卫·罗德（David Rohde）的例子来说，他在 2008 年与另外两名阿富汗的同事在阿富汗被绑架。一直到罗德和他的阿富汗助手成功逃脱前，他被劫持了 7 个月，《纽约时报》不仅决定不报道罗德被捕，编辑还说服了其他新闻机构暂缓这则新闻的报道，直到罗德逃脱。时报的编辑比尔·凯勒说：“因为大部分新闻机构能理解不报道这则新闻的理由，把此事作为一个秘密其实不是很难。有些新闻机构经历过类似的情形，它们理解消息公开会令危险骤增。困难在于我们自己是新闻机构，我们需要说服自己这样做是正确的。”凯勒说当罗德被释放的时候，报道此事的记者告诉他，秘而不报的做法无疑帮助他们活了下来。

馈赠

许多新闻机构严格规定不能送钱或礼品给受访者，也就是不能做大家所知的有偿新闻（checkbook journalism）。这样规定的目的是保证受访人不会因财务上的奖励而撒谎或编造故事。

但有时候新闻机构，尤其是电视台，会争相邀请同一个嘉宾，这导致嘉宾可以提出一些经济上的要求。CBS 新闻主持人罗斯·米切尔说："在晨间电视新闻中，竞争者尤其多，而且对嘉宾的争夺会异常惨烈。我曾在直播新闻中看到竞争者送花给受访者，他们送来主播亲自写的便条，主播还给出类似于免费游览迪斯尼乐园的承诺。邀请嘉宾因此变得非常具有竞争性，很艰难，真的很艰难。"钱不应该与安排采访相关，但偶尔它们会与之相关。

更糟的是，一些没有悠久传统的新闻机构现在会简单地一下子买入信息。米切尔感到很悲哀："现在不止有 CBS、NBC、ABC 和 CNN 等新闻机构了。TMZ（娱乐新闻机构）承认他们用钱换取消息，并且花钱买照片等。所以年轻记者必须保持注意力，并且意识到除非他们也活在那个买卖新闻的世界里，否则他们不需要用钱来做出一篇报道。因为一旦你把钱给了别人，你就不知道你得到的是什么了。人们会为了钱而信口开河。"

大部分媒体机构都对员工所能接受的礼物有明确的规定。这样规定的意义当然在于确保人们不会买到正面的新闻。贝丝在俄罗斯工作时，一些俄罗斯的富商为了得到有利于他们的报道，会给记者诱人到难以置信的礼物。这些礼物包括钻石、金表甚至大笔现金。但是每当你面对那些馈赠的时候，必须问自己，这件礼物是否值得你放弃整个事业，因为如果你被发现的话，你的新闻事业就结束了。在大部分新闻机构，记者可以象征性地接受礼物，比如一顿午饭、一杯咖啡、一支笔。不接受馈赠的意思不是让你在别人的办公室采访到一半感到口渴时拒绝一杯汽水。这样做的意义在于，确保好的报道不是被收买来的。最后的一点忠告是：追求媒体曝光的人会定期给新闻机构一些宣传资料，比如即将上市发行的电影 DVD，或者新书。不要试着在例如 eBay 这样的网站上倒卖任何此类宣传资料。这些资料在伦理上讲不是用来盈利的。

互联网时代的伦理困境

重要的是，基于你所持的标准，坚持做自己认为正确的事情。

——沃尔特·安嫩伯格（Walter Annenberg）
出版业巨头兼外交官

正因为任何人都能在互联网发表任何内容，在互联网上出现违背伦理行为的可能性要远远高于纸媒或者广播行业。如果你与女友吵了一架，你可能不会在新闻报纸上写她的坏话，但你可以在任何时候在网上发泄不满。互联网同时对人们的隐私构成了一些有趣的威胁。原则上来讲，一个脸书或者聚友的账号应该是仅仅用来与你的朋友展开社交的，然而，当新闻发生时，记者会争相前往当事人的社交网络页面寻求信息。记者甚至有可能为了某条新闻故事而建立一个网页找人采访。互联网还引发了另一项伦理争论，即谁可以被视为记者。许多博客写手在试图获得记者证时都会遇到困难，因为政府官员并不视他们为“真正”的记者。

下一个问题是“马甲”（sock puppeting），也就是一篇文章的作者可能会假装成另外一个人发表对文章的评论。如果其他人评论你的文章说“好棒的文章!”，那就没有问题。但当你假装成一个读者并且对自己写的东西评论“好棒的文章!”，那就完全是违背伦理了。无论你信不信，有些记者被发现做过这样的事情并被予以处罚。《洛杉矶时报》的一名记者因为给自己的文章当“马甲”而失去了自己的专栏。

另一个发生在计算机领域的问题是，修改一张电子照片太容易了。例如 Adobe Photoshop 这样的软件非常好用，能做出非常高质量的作品。摄影师与图片编辑总是通过例如剪裁场景、润色、去噪点、增加亮度等来提升照片的质量，但提升照片质量与修改照片之间有很微妙的分界线。一些摄影师被发现大幅度地修改照片，令一个场景看上去产生了本质的变化。在 2006 年以色列和黎巴嫩的冲突期间，路透社不得不撤下一些由一个自由摄影师拍摄的照片，原因是一位好奇心强的博主揭露了这位摄影师为了放大以色列空袭在黎巴嫩造成的破坏而修改了一些照片。有趣的是，随着修改照片的技术变得发达，揭露经过修改的照片的技术也在进步。现在有高科技的程序可以发现，比如在一张照片里，所拍摄到的人群有没有被复制成一大群人。

广播行业的伦理考虑

一些特别的伦理问题仅仅影响着广播行业。大部分电视公司有规定反对摆拍，摆拍牵涉到专门为了摄像机镜头故意让一些事情发生或让某个人做某件事情。梅森说：“如果你在一家医院，他们想让你看一种新的技术，然而那家医院正好没有合适的病人。那你不能假装某个人是个病人。你能做的是告诉大家，医院的雇员展示了这个新设备如何工作。只要你公开事实并且告诉大家发生了什么，那就没关系了。”事实上，如果不故意让别人做一些你能拍到的事情，要拍成电视新闻几乎是不可能的。重点是在这样做的同时不能扭曲新闻事实。如果你想获得一段某人走路的片子而让某人走一段路，那是可以的。但如果路人只是在围观一个场景而你让他们开始抗议，那就是不可以的。另外，编辑片子时不能歪曲人们的话语。梅森说：“你可以将音频剪短，只要不改变说话者的意思，你可以删除大量的音频。”电视还会有一些关于内容是否恰当的考量。电视台需要政府的许可证才能播出，发放许可证的政府机构，即联邦通信委员会，也会监测关于不恰当内容的举报。

电视台也需要考虑版权。你不能使用其他人的图像。通常来说，你只能用自己拍摄的片子或者你购买的片子。有一个例外，我们称它为“正当使用”，意思是如果你有与新闻内容相关的理由，可以播出其他人的一小段资料。比如说，一个电影明星死去的时候，电视台会播放一些这个明星电影里很短的片段。我们称之为正当使用，因为这个新闻具有新闻价值。梅森记得一位早间新闻制片人在没有买下版权的情况下就播放了一些纪实频道的动画。当然，纪实频道注意到了，他们的律师打电话给了这个制片人。在那个时候，片子已经被使用了，CBS 新闻除了选择支付巨款或者被起诉之外无能为力。结果，梅森与制片人闹得很不开心。使用版权需要花钱，明确版权所有又是极其消耗时间的，这给了许多电视新闻记者偷用画面的动机。但如果他们被发现的话——考虑到这样做很容易被发现，从长远角度来说，他们要付出更大代价。

新闻的法律基石

> 《宪法第一修正案》对于我作为公民以及作家的生活，就好比太阳在生态系统中的角色。
>
> ——迈克尔·谢朋（Michael Chabon），作家

1787年美国《宪法》没有明确保证言论自由。《权利法案》要在四年后才出台。《宪法第一修正案》与新闻是最相关的："国会不得制定关于下列事项的法律：确立国教或禁止信教自由；或剥夺言论自由或出版自由；或剥夺人民和平集会及向政府请愿申冤的权利。"

媒介法，如同其他所有美国法律一样，基于先例与类比。法官在一个新的案例上做决定的时候要考虑早先相似的案例和问题。一旦一个案子被审判，该案的审判准则也被沿用到之后的案子中，直到一个新的案子促使法庭改变想法，早先的准则会被更高一级的法院驳斥，或者被法令或修正案驳回。高院的主审法官约翰·罗伯茨（John Roberts）尝试通过将法官与裁判相比较来解释我们的法庭制度。"裁判不会制定规则，他们只是运用它们，"罗伯茨说，"裁判和法官的角色是很重要的。他们确保每个人都按规定比赛。但他们又是受限制的角色。"事实上，贝丝在福特汉姆大学的同事，媒介法专家亚瑟·海耶斯觉得那样的描述可能过于简单化了。海耶斯说，法官在审判上的角色就好像罗伯茨所描述的裁判的角色。"他们应用规则，比如说，规则决定了击打区，规则还决定了投手是掷球还是击打，"海耶斯解释

说，“先例约束着他们。他们不能重新定义击打区。但是最高级别的法庭、最高法院或者上诉法院有更大的自由来驳斥先例。”他们更像棒球里的总裁，在他们的司法权中，他们定义法律是什么。“以棒球比赛作为类比，高院‘可以改变击打区的高度和宽度’。”

关于媒介法有整本整本的书籍。对于任何年轻的记者来说，在从业前阅读其中一本不失为好主意。也有一些很好的手册与导引是特别给记者在工作时用作法律工具的，这当中包括一些新闻自由记者委员会网页上免费的版本（详见本书“记者工具箱”）。在这里，我们会给出每个记者都应该知道的一些基本知识。我们会提到美国高院的一些案子，并不是要把你变成律师，而是因为这些案子对于媒介法太重要了，你应该知道一些。如果某人提及沙利文案，你的眼神应该反映出你对此事的了解而非无知。

诽谤性文字

文字诽谤（libel）是书面的恶意攻击，而口头的诽谤（slander）则是言语上的诋毁。它们都意味着某些对事实的歪曲损害了某人的名誉，其结果是，其他人因此躲避当事人或者看低当事人。诽谤的内容必须超过激怒某人或伤害某人感情的程度。

在世界上大部分国家，如果某人对记者提起了诽谤的诉讼，记者的责任是证明报道是事实。仔细想想，你可能会从四个很可靠的独立线人那里得到一些某官员犯罪的信息。假如说你刊登了报道，那个官员起诉了你。在大部分其他国家，你需要证明其有犯罪行为，仅仅提交线人的证词不能让你免于诽谤的指控。但是在美国，我们有着不一样的标准，这个标准允许新闻记者刊登他们认为是事实的消息，并且可以因无心之过而免于惩罚。法律明确提到，当牵涉到大部分政府官员与名人等公众人物时，如果原告证明了记者有真实恶意，也就是说，原告清楚展示了记者不顾真相，或明知内容有误，或对内容持有严重的怀疑，记者才需要为造成的损失负责。这个标准给了美国记者很大的言论自由，让他们更深入地调查政府官员以及其他公共人物的行为。赫斯特国际集团的总顾问伊娃·巴顿说："在这个国家，有许多值得庆幸的事，其中之一就是允许我们犯错。"不过需要清楚知道的是，在低级别法院中，调查记者如果写出令人难堪的报道，对于他们的动机是否属于"真实恶意"并没有达成一致，美国高院还没有解决这件事情。

有关诽谤法的重要案件，"《纽约时报》vs. 沙利文案"来源于民权运动。1960 年，亚拉巴马州蒙哥马利市的官员沙利文（L. B. Sullivan）认为《纽约时报》的正面广告侵犯了他的声誉。（是的，报刊对广告的内容与文章的内容都要负责。）广告是关于美国南部黑人发起的要求权利平等的非暴力抗议活动。沙利文认为即使广告没有提到他的姓名，也批评了他所监管的蒙哥马利警方，这令他名声受损。亚拉巴马法庭判决支持沙利文并且判罚向其赔偿 50 万美元，这在当时是一笔巨款。《纽约时报》上诉了，案子最终在高院告一段落。法官 1964 年审判了此案，裁定在记者调查公众的工作时所犯下的无心之过不算诽谤。法庭判定，诽谤案若要胜诉，政府官员必须证明记者或者组织有真实的恶意。法庭的意见还指出："我们在考虑这件案子时以一个意义深远的全国性的承诺为背景，这个承诺是，对于公共事务的辩论应该不受拘束、强烈而且开放，这其中也包含了对政府或公共官员激烈的、讽刺性的、有时不令人愉悦的、尖锐的攻击。"你可以在《纽约时报》顶尖记者兼法律学者安东尼·路易斯（Anthony Lewis）的著作《不得立法：沙利文案与〈宪法第一修正案〉》（*Make No Law: The Sullivan Case and the First Amendment*）中找到整个沙利文案令人兴奋的描述。

“《纽约时报》vs. 沙利文案”依然是今日诽谤法的基础。之后的案子将“真实恶意”的标准从政府官员延伸到了公众人物，比如名人或事业领头人这样的公众人物不一定需要参加选举，但依然在社会上有显著影响。后来的案子明确了如果某人不是公众人物或者政要，要想赢下诽谤罪的诉讼，那人只需展示过失的证据，也就是没有适当考虑周全的证据。

如果你是一位被以诽谤罪起诉的记者，你可能会被对方质疑，他们可能会要求得到你的笔记、计算机文件、电话记录还有其他任何文件，只要这些文件能确定你如何获取你的信息，有没有官员或政要牵扯进来，还有你是否不顾真相或者明知错误而故意诽谤。如果你使用了匿名的信息源，揭露他们的名字时会受到很大的压力。这就是为什么伊娃·巴顿说她总是敦促赫斯特集团的记者把所有东西都记录下来，或者将匿名线人所说的备份成文件。

只有一种很傻又很安全的办法来避免诽谤罪的诉讼：把你的故事写得准确无误。巴顿说在她的法律生涯中，至少为350起诽谤案做了辩护，在每一个案子里，记者都在报道中犯下误了。她解释说：“如果你的报道完全准确，很少会被起诉。事实本身就是辩护。如果你写的都是事实的话，人们即使不喜欢你写的东西，也不能控告你。”尽管如此，在巴顿辩护过的记者中，没有人仅仅因为引起了一场涉及诽谤的诉讼而丢掉工作。

但如果某人对你提起了诽谤诉讼，即使你胜诉了，你的名誉也会受损。迈克对此再清楚不过了。如之前所提，1982年前美军将军威廉·韦斯特摩兰为CBS的一期《无尽的敌人》而控告了迈克。这个节目称在越南战争中，美国政府有计划、有预谋地少算了正在抗击美军以及越南南部军力的越南北部士兵数量。这样做旨在呈现美国正在越南战争当中处于优势，故意让敌人看上去弱一些可以让战争持续得更久。1964—1968 年，韦斯特摩兰正好是负责南越战场的总将领，也是这则报道的关键人物。迈克解释说："韦斯特摩兰和林登·约翰逊（Lyndon Johnson）对美国人民瞒报了敌方军队的情况，因为他们太清楚，如果公众知道了在北越有多少敌人的话，他们会失去所有对战争持支持态度的人。"在那期纪录片中，韦斯特摩兰否认了一切指控，但这档节目还是呈现了对他的指责。

《电视指南》（*TV Guide*）杂志在一篇报道中说迈克在报道时违反了电视网的标准，受此激励，韦斯特摩兰以诽谤罪提起诉讼，他要求 1.2 亿美元的赔偿。他将 CBS 新闻和其他四位包括迈克推上了被告席。（作为一位政府官员，韦斯特摩兰需要具有说服力的证据证明对他的指责是罔顾事实的。）整个诉讼拖了三年之久。迈克确定他是根据事实做的报道并且会赢下诉讼。他的确信来自于 CBS 新闻内部的调查团队，团队发现虽然标题"无尽的敌人"有些瑕疵，但纪录片中主要的观点都是符合事实的。

审判的进程对所有当事人来说都不愉快，尤其是迈克，他感到他多年来建立起的名誉正受到不公正的审判。迈克回忆说："当他以诽谤罪控告我们的时候，我们去了法庭，我不得不坐在法庭里，日复一日，而韦斯特摩兰的律师则把一些人推上证人席，这些人在我看来不公正地呈现了我们的做法。"但迈克和 CBS 团队坚信他们会被宣告无罪。很突然的是，就在迈克被安排作证的前两天，韦斯特摩兰撤诉了。最终，CBS 刊登了一则声明，说节目"从未断言韦斯特摩兰将军是不爱国的或者在执行任务时是不忠于国家的"。双方各自支付了自己的法律费用，韦斯特摩兰最后没有获得任何财产赔偿。

迈克在这次审判之后陷入了抑郁，并持续了几个月之久。（有关韦斯特摩兰案还有随之而来的抑郁症，更多的讨论详见迈克 2005 年的著作《在你我之间》。）不过，尽管付出了个人的代价，在 25 年后回看韦斯特摩兰一案，迈克可以理解为什么《无尽的敌人》那期节目尤其重要。迈克解释说："有时候你的政府会欺骗你，在那个时候，政府正不断地对人们说谎话。他们不想澄清事实。从这件事情上，你开始理解媒体的力量。它告诉人们真相，告诉有权力的人真相。"

几乎任何将政府所做非法之事曝光的记者都会感到脆弱，觉得压力重重。但美国记者是幸运的，我们的结局总是仅限于压力。在许多其他国家，记者因调查腐败或政府的失职而被关押、折磨甚至杀害。查一下保护记者委员会的出版物吧，他们记录着在世界范围内对记者进行的攻击，然后你会理解我们说的是什么。

说到其他国家，你应该知道这个概念：跨国诽谤控告（告洋状）。有些坚信自己被美国作者诽谤的人试图在其他国家提起诉讼，这些国家的诽谤法对记者的保护相对少一些。这种事情已经发生在美国作者身上，他们的作品虽然不在英国出版，但可以在英国接受预订，这种情况可以导致法院审判。英国的诽谤法因常常支持原告而臭名远扬。有可能跨国诽谤控告会蔓延。只要有文章的地方，诽谤就会发生，这意味着在世界上任何地方，网上的文章都有可能受到诽谤的起诉。这可能会慢慢腐蚀掉美国法院给予美国记者的保护。美国国会的一些议员由此而担忧，他们试着起草联邦法案来使跨国诽谤控告不成立。纽约州已经通过了法律保护纽约的作者以及出版商。这个领域的法律正在慢慢建立起来并受到瞩目。

记者还应该了解的法律的其他一些方面

人类的热情善意与缺乏理解正暗暗腐蚀自由，它们潜伏在对自由最大的威胁中。

——路易斯·D. 布兰代斯（Louis D. Brandeis）

高院法官

预先制止

在我们讨论涉及国家安全的伦理问题时，简单地提到了禁止出版敏感的话题。大致讲来，这个法律问题被称作预先制止。预先制止是指政府有能力禁止一个新闻机构发表或者播出一些信息，或者防止继续刊登某些消息。记者通常相信，政府如果让他们先写自己想写的内容，然后如若他们触犯了法律再行惩罚比较好，这样的情况被称为事后追惩。但如果国家安全岌岌可危，该怎么办呢？大部分政府官员会试着禁止出版一些他们认为可能反过来损害美国利益的信息。幸运的是，对媒体来说，它们在这种案例中可以上诉法庭，法官往往不愿看到出版物被禁，因为美国高院已经言明，预先禁止被预先认定为违宪。

有关预先禁令的开山之例是 1931 年“尼尔 vs. 明尼苏达案”。案件起源于一本由后来的 CBS 新闻制片人兼新闻学教授弗雷德·弗兰德利（Fred W. Friendly）所著的引人入胜的书，名叫《明尼苏达烂报》（*Minnesota Rag*），如果你对媒介法或媒介的历史感兴趣，这本书很值得一看。杰·尼尔（Jay M. Near）1927 年在明尼阿波利斯出版了一份报纸，叫《星期六新闻报》（*Saturday Press*）。这份报纸煽情、反犹、反天主教、带有种族主义倾向，如弗兰德利所言，是一份烂报。通过批评当地的官员，这份报纸树敌无数。一个县的法官以报纸损害公众利益为由下令其停刊，明尼苏达高院支持判决，实际上他们称事关言论自由的《宪法第一修正案》对例如《星期六新闻报》的新贵媒体不成立。这个案子一路被提交到美国高院，法官认为预先禁止令在除极少数情况外是违宪的，而《星期六新闻报》并不属于这些少数情况。法官在判决中说："罪恶的出版商可能会滥用出版自由来制造丑闻，但这样的事实不能减少媒体在报道官要失职时能够豁免预先禁止令的必要性。权威如果妨碍出版自由的话会导致公共领域一个更有危害的恶魔诞生。"

当《纽约时报》与其他三家报纸刊登了部分五角大楼文件的时候，法庭在 1971 年，也就是许多年之后，重温了预先禁止令。这个案件，也就是"《纽约时报》vs. 美利坚合众国案"，之所以引人注目，有其原因。第一，这个案件从头到尾耗时仅一周，不像其他大部分高院的案件历经数月之久。另外，这个案件罕见是因为九位高院法官都有自己的意见，每个人都同意五角大楼文件必须马上刊登，但每个人都有自己的理由。由于法院在这些以及其他案件中坚定的立场，预先禁止在美国罕有发生。（不过要求广播公司具有政府的执照是个主要的例外。）我们大体上看到的媒体的克制都是自愿而为的，就好像《纽约时报》记者大卫·罗德被绑架的案例一样。

审查

审查是美国媒介法中比较重要和复杂的一部分，一般由联邦政府与州政府共同监管。一些被判为淫秽猥亵的内容，比如黄色内容，可能并且有些已经被禁了。违反有关淫秽内容的法律可以导致罚款及被捕。高院在 1973 年“米勒 vs. 加州案”中为淫秽猥亵画面设立了标准：（a）普通人如果运用现代社群标准的话，会不会认为作品总体上来说是刺激淫欲的；（b）作品是否从明显使人反感的角度描绘了州法律所定义的性行为；（c）作品总体上来说是否缺乏严肃的文学、艺术、政治或科学价值。如你所见，对这些定义的理解因人而异，这也是为什么人们经常对猥亵法产生抱怨。《纽约时报》写道：“联邦通信委员会的猥亵政策模糊到令人失望。广播从业人员无从提前知道哪类内容会触犯他们的猥亵政策。”甚至一位高院法官也曾经说他不能定义淫秽画面，不过当他看到画面的时候就能知道该画面是否淫秽。

联邦通信委员会使用与高院对待纸媒相同的标准来管理电视与广播的淫秽内容。这意味着任何淫秽画面都不得在电视或广播中播放。联邦通信委员会还对下流亵渎等内容制定更严厉的规定并进行监管，不过这些规定仅用于可以免费接收的电视以及广播，不适用于有线、卫星或者互联网的广播内容。这就是为什么你可以在有线电视上侥幸逃脱裸露咒骂内容的惩罚，而在广播电视中却行不通的原因。联邦通信委员会觉得什么是淫秽的内容呢？他们用严密的法律语言做出定义：“一个材料如果描绘了性器官、排泄器官或明显让人感到不适的活动，则是淫秽的，这种不适由为广播媒介而设的现代社群标准来测定。”在每个案子中，联邦通信委员会都必须定夺一个材料是否描绘或者描述了性或排泄器官或者涉及那些活动，如果涉及，那这个材料是否“明显让人感到不适。”联邦通信委员会说淫秽材料不能在早 6 点到晚 10 点之间播放，这段时间孩子很可能在看电视。委员会又是如何描述亵渎的呢？委员会称：“‘亵渎性的语言’

包括那些极度让人感到不适的话语，它们仅仅是出现在文本中就达到了法律条文所说的‘妨碍公众利益’（nuisance）。”联邦通信委员会警告广播人员基本上 F 开头的词（此处指 Fuck 相关的词）以及其他粗话都是亵渎性的语言，不可以在早 6 点至晚 10 点间播出。广播人员尽力坚守规定，但偶尔某些人会在那个时段的直播节目中脱口而出粗话，这就会受到很多罚款。最近有许多引人注目的案例都是有关那些脱口而出的粗口的。许多言论自由的拥趸都说这方面的法律需要更新，因为如今在电视上偶尔出现“三字经”已经不会造成多大伤害。

互联网的审查相比纸媒或者广播更加复杂。美国政府和法院仍就如何把猥亵法沿用到互联网的问题而不懈努力着。美国公民自由协会（ACLU）等言论自由的拥趸极力阻止美国政府管控互联网。他们和其他组织同时也尝试让互联网保持中立，意味着免受企业公司的控制。美国公民自由协会不想让互联网的提供商来决定用户能上什么网不能上什么网，就像有线电视供应商所做的那样。比如说，他们不想互联网服务提供商关闭一些通往能抱怨这些网络服务提供者的网站，也不想他们因为自身拥有另一个网上付款系统，而关闭例如贝宝（PayPal）那样的网页。

新闻保障法

记者有时候为了从受访者那里获得信息，唯一的方式就是承诺不透露消息来源。但在有些案例中，政府或者法庭可能有确切理由想要知道那个秘密线人的姓名，大部分情况是因为线人可能涉入罪案或者知道一些案情，记者会被传唤到法庭作证，或在大陪审团前出席，大陪审团可以决定是否正式以某桩罪行起诉某人。一些记者在被传唤时会供出线人的名字，但有些则不会，认为他们已允诺要保守机密，必须遵守。许多记者情愿去坐牢，有时是几个月，也不愿透露他们允诺保密的线人姓名。许多记者都痛恨他们必须要在陪审团或者大陪审团①前出席，尽管法院总体上认为记者在这方面也不能凌驾于法律之上。

乔治·布什政府大幅将记者推向法庭，因而这个问题在近年成了法律界的热点话题。伊娃·巴顿说在拥有报纸、杂志、电视台的赫司特集团，被传唤的记者数量从每年大约 5 人增加到了每年 125～175人。她说布什政府显然认为从记者那里获取高质量的信息较为容易。他们的逻辑是这样的："你宁愿从哪里得到信息？从对监狱里被判有罪的犯人口中，还是从当地可能很善于报道某类新闻的记者那儿得到？几乎每个人都认为这个国家最好的消息都是公开的，并已经被年轻的记者和调查记者采集到了，既然如此，那我们把他们都拖进来审问一下。"这部分解释了为什么人们一直努力在通过一项联邦新闻保障法，在牵涉保密的线人时，保障法能界定记者的权利。

现在，美国多于半数的州都有新闻保障法赋予记者权利，防止确认线人的身份。不过联邦新闻保障法却从未出台，这极大地限制了记者的权利。"如果你报道一则有关毒品的新闻，而联邦法院检举了这个案子，那眼下你自己在保护匿名线人时就不受保护。"巴顿说，"不过如果相同的案子相同的事情在州法院被起诉，那么你就有绝对权利来保护你的线人。但如果你没有一个等效的联邦法的话，那你几乎没有可能来实行你在州内的权利。"奥巴马政府不像前任，他们支持联

① 陪审团分为大陪审团和小陪审团。大陪审团只适用于刑事案件，由 23 人组成，其主要职责是决定是否起诉，可以在任期内（一般 4 周）审理若干起案子；小陪审团则参加审判，决定被告人是否有罪，而在民事诉讼中则是决定被告人是否要赔偿。小陪审团一般由 6～12 人组成，一案一组。

邦新闻保障法，而正在我们写这本书时，一个支持新闻保障的法案正在国会中推进。

非法侵入

非法侵入意味着在没有获准的情况下侵占私人财产，或者在没有授权的情况下侵占不对公众开放的公众财产。一些著名的非法侵入案件涉及记者假报身份进入某个区域。最臭名昭著的案件是雄狮食品案（The Food Lion Case）。1992 年，ABC 新闻收到消息说雄狮食品的连锁超市在卖过期食品，并试图掩盖这种做法。消息称雄狮食品公司正在漂白肉类以消除过期肉的颜色变化，他们将新鲜肉与过期肉混在一起，修改食品包装上的过期时间。两名 ABC 新闻的女性制片人隐瞒了自己的身份与背景，分别前往两家雄狮集团超市工作，一家在北卡罗来纳，一家在南卡罗来纳。在两周的时间里，她们秘密拍摄了 45 小时的片段，证明了针对这家连锁超市的指控是真实的。这些片段成了新闻杂志节目“黄金档实况”其中一集的论据。雄狮集团没有以诽谤罪起诉 ABC 新闻以及这档节目的制片人（因为故事是真实的），而是以包括非法侵入、诈骗以及不公平交易手段等其他罪名起诉。地方法院认为 ABC 新闻在大部分指控上都有罪，并判决他们对雄狮集团支付超过 500 万美元的赔偿。但在上诉之后，记者仅仅被判有非法侵入罪以及失职罪。他们被下令支付仅两美元作为对连锁超市的赔偿，而不是先前的 500 万美元。但即便最后的判决轻了，法官强调记者的罪行仍不能被法律豁免。

话虽如此，当记者为了揭露一些会对公众安全或民主构成威胁的信息而违反法律时，法院经常会表示理解。一个爱达荷州的记者为了展示违反选举法有多么容易而在大选中投了五次票，他的案子被法院驳回，类似的情况是一个电视台员工为了证明纽约肯尼迪机场的安全漏洞而进入了机场的禁区。所以如果你为了调查而悄悄潜入某个地方或者为了获得一些必要的信息而隐瞒你的身份，那会发生什么呢？你如何平衡公众需要听到重要新闻的权利与潜在的法律后果？你的编辑往往会在此时干预进来。大部分新闻机构都有关于在什么时候非法侵入或者隐瞒身份是被允许的规定。

如果你遇到麻烦

法律不能控制人们的喜好。

——托马斯·杰弗逊（Thomas Jefferson），美国前总统

这些都是棘手的问题。无论何时，有人要求你做一件潜在的、有悖伦理或者非法的事情，你都应该拒绝，这样的建议很容易提供。了解我们以上所谈到的那些基本点当然也会起到保护你的作用。但事实上，几乎所有我们认识的记者都曾做过自己过后会后悔的某些决定。

好消息是，如果你犯了个错，可能遭到起诉，你或能指望你的单位帮你摆脱困境，不用上法院。琳达·梅森说 CBS 新闻几乎总是尝试在不闹上法院的前提下提供给那些欲求控告的人解决问题的办法。她说："我们会看看是否能安抚他们，有时候在网页的文章旁放上一个便条、一条编辑的注意事项或者修正，或者阐述，有时候能解决问题。我们最不想做的就是陷入僵局。所以一旦收到投诉，你通常都须严肃对待，立即处理，看看是否有什么办法能在早期就达成协议。最糟的是你把它们丢在一旁，说他们都疯了，因为这样的话事情会发展到被起诉的阶段——这样一来代价就很大，即便最后你是对的并赢了官司。"

通常，撤回报道、修正、道歉不仅仅是避免诉诸法律手段的好办法，也是正确的办法。巴顿说当她几年前在纽约《每日新闻》工作时，她引入了一份报纸犯错后可以用来道歉的模板。"我们不仅仅改

正错误，我们为错误道歉，”她解释说，“我刚到那儿工作时，当时的道歉函写的是，‘每日新闻为你所遭受的痛苦而感到抱歉’。而如今是，‘每日新闻为犯下的错误而感到抱歉’。道歉是非常重要的。”许多报纸也有所谓的监察专员，他们重审并且评估出版物。虽然监察专员也是报纸雇用的，他们的任务却是批评报纸，这是提升出版物质量的一种必要方式。他们也是读者或观众可以诉诸不满的人。

如果你真的犯了错误并且为你的组织惹上了官司，这也不一定是终结你事业的一步。迈克的事业为此做了明证。记者当然不想因此惹上法律麻烦，或者伦理麻烦，但有些错误是可以理解的，并且是学习过程中的一部分。“这也是其他人的责任，因为你还年轻，他们应该监督你做的事情。”梅森指出。即使是梅森，在 CBS 早期也轻微地触犯过法律。她回忆道：“我当时是一名年轻的制片人，为晚间新闻节目做了一条报道。这条新闻是关于某个危险的产品，某个产品中的某个成分，所以我出去买了一堆产品并把它们一一摆在桌子上用以拍摄。”后来，当她在度假时，收到一份通知说她在新闻中展示的其中一个产品实际上不含危险成分。“我以为我要完了，”她回忆说，“但我们改正了错误，然后什么事情都没发生。不过你必须小心再小心。”

第七章　放眼未来：给新一代记者的建议

我确信好新闻就是一笔好生意。

——克里斯丁·阿曼普（Christiane Amanpour）

记者、作家

贝丝告诉她的学生，当年她在写本科论文的时候，用的是打字机，研究都是在图书馆的书堆里做的。学生们听到这些，无不露出诧异的表情。没有电脑？没有互联网？当然，1939 年迈克从大学毕业时，电视和电脑都还在开发中。在那个年代，要获取重大新闻，最前沿的办法就是听收音机。如今的年轻人处于科技高度发达的环境中，他们简直不能想象没有互联网和无线设备的生活会是怎样的。

显然，我们这辈人生活的短短几十年里，科技一次又一次地推陈出新，并且日新月异。对于当代的记者而言，一个最主要的挑战在于，如何在驾驭最新科技的同时保留优质新闻业的传统。这就是我们要在最后这一章中探讨的问题。

眼观当下

如今，我们看到一些非常好的新闻，这些报道为一些重要议题带来了新的角度。但与此同时，也有许多垃圾新闻。就像琳·嘉莉克所说的，新闻正变得越来越轻巧，也越来越紧凑。有时候，我们正巧打开电视，或翻开手边的报纸杂志，一下就被惹怒了，因为其中的内容实在太差劲，不是太肤浅就是太煽情，或者太琐碎。

我们喜欢24小时都能看到新闻。但如今我们看到的是越来越多的评论、八卦和丑闻，对于这些，我们其实并不热衷。迈克说："很多评论、八卦和丑闻都是胡诌的，毫无意义。新闻正演变得像小报一样，充满了人为捏造出来的冲突。那些曾经被认为是新闻的新闻，那些曾经被播报的新闻，它们的存在形态已经今时不同往日了。"他觉得，如今绝大部分的新闻和20世纪六七十年代CBS盛世时期他和同事们制作的新闻早已大相径庭。"我们当时之所以名列前茅，只有一个原因：受众尊重我们。然后，有线电视到来，我所看到的新闻的转变是新闻变成了废话、废话、废话，就好像娱乐新闻。"迈克解释道，"那时候，新闻仿佛是一场力争上游的比赛，现如今，从某种意义上说，新闻变成了一场力破下限的比赛。"

随着预算削减，这场力破下限的比赛越发惨烈了。记者苦于削减了的预算，往往想方设法地在不用亲自前往新闻现场的前提下报道新闻。裁员的结果是，有些记者没有能力去报道某一则新闻，却仍要硬着头皮去报道。在贝丝快写完一本关于俄罗斯总统弗拉基米尔·普京的书时，看到一则新闻说普京经常赤裸上身。对于一般的读者而言，这则新闻看起来没什么问题。但对于俄罗斯和普京都有所了解的贝丝来说，她觉得这篇报道过于简单化，在时效性上差了六年，还遗漏了几乎所有重要的信息。当然，这很难怪罪于一个从未在俄罗斯生活过也从未去过那里的记者，这样的记者很难对俄罗斯做出高质量的报道。这应该怪罪于当今的新闻制度，它把量看得比质重要，把排名和广告收入看得比新闻内容重要。

新闻业向来是门生意，但在过去，新闻业面临的经济压力远没有如今紧迫。CBS之所以能够在几十年间长盛不衰，正是因为它的创始人威廉·佩利先生坚信CBS应当服务于大众，而不必在意赚钱与否。马文·卡尔布记得1962年和佩利一起吃晚饭时，这位CBS的创始人陈述了他对CBS新闻部的未来规划。这些规划充满了雄心壮志。一位记者问佩利他将如何为这些雄心买单。“佩利说道（在此我基本引述他的原话），‘你们只需负责报道新闻。我会让杰克·本尼（Jack Benny）来为我赚钱。’”卡尔布回忆道，“佩利知道新闻是桩赔本生意，但他也知道可以从CBS的娱乐产业中赚到钱。他当时就不指望新闻能用来赚钱，所以他会源源不断地为我们提供所需的一切。也就是说，只要能够报道出好新闻，花多少钱都在所不惜。”其他的前CBS员工记得在1960—1970年间，他们被禁止去查看收视率。主管们不允许把收视率挂在新闻编辑室里。他们也不允许除了最高层领导以外的人去担心收视率。这一点和现在的情形也是大相径庭。

然而从70年代初开始，一切都发生了变化。当《60分钟》带来了巨大的财富后，媒体经营人发现新闻原来也可以产出高利润。70年代和80年代间，一些集团开始收购新闻业。这些集团中的大多数是家族企业。此举将新闻的存在意义导向了盈利。“随着新闻的意义发生了质变，一切都跟着改变了。一旦新闻业被视作可以赚钱的产业，它就必须顺应商业的运作模式。”卡尔布解释道，“在那之前，我们是新闻产业中颇受珍视的财富，但不是商业的一部分。一旦我们成了商业的一部分，运营模式和行业道德都会随之改变。”到了 90 年代，新闻行业纷纷实现了盈利，但盈利率过高。比方说，有些报纸创造了 30%的税前收益。对于一个良性发展的制造商或者零售商来说，这个收益相当于他们所能获得的收益的好几倍。

所有这些都表明，对于当今的新闻机构来说，它们的底线往往是经济利益，而不是公共利益。如果你是一名记者，你在提议报道一则新闻时，编辑的第一个问题往往是“这个故事要花多少钱?”而不是“这个故事是否值得报道?”而这通常也由不得编辑来选择——这是为现实所逼。值得庆幸的是，这世上还有一些新闻机构和一些为新闻理想不懈奋斗的新闻人仍然以公众利益为上。但就在我们写这本书的时候，他们正因为经济不景气而备受煎熬。对于很多新闻机构来说，经济不景气就如同死神一样。一批批记者被裁员，新闻出版机构纷纷倒闭。一些美国的大城市史无前例地发现它们很快就将失去最后一份日报。所有的紧缩形成了一个恶性循环。小规模的新闻业往往必须缩减开创性报道，而正是这些原创新颖、通常以调查分析为主的报道，留住了受众。失去了开创性报道，意味着受众数量变小了，也意味着更多的记者要被裁员，如此循环往复。

这样的利益驱动影响的不仅是开创性报道，还影响了比如 CBS 的主播人选。2006 年，当凯蒂·柯丽克（Katie Couric）被请来代替丹·拉瑟时（在鲍勃·席费尔（Bob Schieffer）短暂而成功地担任了过渡时期的主播后），领导层似乎并不是在找到适合这个工作的最佳新闻记者。他们看中的是这个人是否能够为电视台带来更多的新观众。迈克直截了当地说，他很喜欢柯丽克这个人，但是 CBS 新闻部聘用她的原因是“因为她很活泼”以及他们认为一位女主播将会很受欢迎。是谁请来柯丽克的呢？迈克说是 CBS 的总裁莱斯利·穆恩维斯（Leslie Moonves）。这个决定不是由 CBS 新闻部的总裁而是由 CBS 集团的总裁做出的。迈克解释道："穆恩维斯不是新闻部的负责人。他是那个让 CBS 娱乐部起死回生的人。"据《纽约时报》报道，穆恩维斯邀请了 CBS 集团内非新闻部的一些娱乐业管理者加入 CBS 新闻部，和新闻部的高层一起探讨主播的人选。在寻找新主播的时候，穆恩维斯曾公开表示，他不想延续以往的"独立主播，表上帝之意"的模式（the voice-of-God，single-anchor）。"我们想找的是一位更年轻并且接地气的主播，"他说，"而不是一个站在山顶上向我们说教，告诉我们什么应该看什么不应该看的主播。"这正是为什么他找到了柯丽克的原因。"穆恩维斯请来柯丽克的原因是他觉得柯丽克可以吸引到年轻时尚的观众。"迈克说，"我和穆恩维斯谈过这件事。正因为他成功地让 CBS 的娱乐节目起死回生，他说如果他有机会把新闻部改头换面，会吸引更多的观众。他希望在留住已有观众的同时培养新的观众。"

这兴许是一个美好的愿望。但可惜，事实并不如 CBS 高层们所想的那样。尽管柯丽克有过一些出色的表现，比如她采访了 2008 年大选时的共和党副总统候选人莎拉·佩琳，然而凯蒂·柯丽克主持的 CBS 晚间新闻仍然在晚六点半档的新闻收视率中排行第三。而且，柯丽克的观众群并没有更年轻化。事实上，调查显示，自柯丽克接任主播以来，CBS 晚间新闻的观众群平均年龄不降反升，并且超过了 61 岁。

CBS 以及其他一些电视台终于认识到，晚六点半档的节目是注定吸引不到那些年轻观众的，因为他们那个时间根本不在家。电视台要是想吸引年轻观众，就要从网络上想办法。因此，广播电视网和有线电视网将更多的资源投入到它们的网站中。除了在网上提供实时和订制的节目，这些电视新闻网还通过它们的网络平台播出更多的第一手新闻，包括演讲、国会听证会和新闻发布会。此外，他们在网站上投放了大量独家内容，比如网络广播和完整的采访花絮。报纸杂志也加入这场网络大战，它们加强了网站的建设，新增了视频和互动图表等内容。

为了吸引年轻观众，这不仅是聪明的一招，也是唯一的办法。这些网站上的新闻内容和报道正是网络时代年轻人所期盼的。现在只有一个问题，那就是还没有人知道如何使网络新闻和纸媒及电视媒体一样有利可图。之前，新闻网站想到的办法是在新闻之后紧接着播放广告。公司为了获取观众会愿意买这些广告位，网站就可以以此为生。但这样做并不成功，因为在线广告所带来的利润只相当于纸媒和电视广告的一个零头。因此，许多传媒机构开始考虑是否要向浏览网站的用户收费。但问题是，当一个网站开始收费以后，用户就去了别的网站。以备受推崇的英国报纸《金融时报》为例，在 2001 年它的网站 FT. com 开始对部分网站内容收费之前，FT. com 拥有超过 100 万注册用户。然而开始收费后，注册用户的数量在第一年里骤降至约 5 万人。到 2009 年，用户数量才攀升至 10 万人。尽管如此，这仍只是收费前用户数的很小一部分。《纽约时报》和《洛杉矶时报》也曾尝试过对某些内容收费，但最后都不约而同地改变了策略。

雪上加霜的是在各大传媒公司中，传统的广告收入也在下降。就拿纸媒来说，广告收入估计在 2006—2008 年间下降了 25%左右。广播电视的广告收入单单在 2009 年的前半年就下降了 12%。

由此看出，一方面，如果网站保持免费开放的状态，而广告收入持续减少，那么一些新闻机构可能会濒临破产；另一方面，如果新闻机构为了贴补日益减少的广告收入而对网站内容开始收费，又几乎没有用户会为此买单。那么这些新闻机构还是会面临破产的威胁。这就是眼下的难题。

显而易见，新闻行业需要一个全新的运营模式来突破现有的恶性循环。有很多比我们聪明的人正致力于此。“我觉得我们会找到出路的。”《纽约时报》执行编辑比尔·凯勒说，“我们正在尝试各种可能的经营模式。”但底线是，公众会以某种方式支付一些费用来获取他们现在可以免费获得的信息。对于40多岁的人来说，这没什么大不了的。他们早已习惯了买报纸，所以他们如今也应该不会觉得付费看新闻有什么问题。但是对于年轻一代，这将是一个重大的转变，他们恐怕不会太欢迎这个转变。假如你向来都是在网上免费获得信息，要开始为这些信息付费会显得很不可思议。调查显示，基本没人会心甘情愿地为网络新闻付费。我们为此深感忧虑。在网络新闻还是免费的当下，年轻人也只看了寥寥一少部分。当他们被要求为这些新闻付费后，又将会发生什么？只有当如今的年轻人意识到了解时事的重要性并且成为新闻的忠实拥护者以后，新闻业才能存活下去。

新闻业的未来

我现在有一个心愿：在发微博变得不可或缺之前退休。

——众议院议员巴尼·弗兰克（Barney Frank）

马萨诸塞州民主党人

那么新闻业该何去何从呢？鉴于现有的趋势和科技发展会继续影响新闻业，我们认为新闻业将在未来几年中发生如下变化。

绝大多数的纸质出版商将不再出版纸质版

他们将只在网络上出版，读者将会通过直接或间接方式为他们提供资金。这对于年长的一代人来说将是一个困难的转变，但这批人终将逝去，而生活在网络时代的年轻人会觉得大部分报纸杂志只提供网络版是一件再正常不过的事情。我们认为这个转变需要花上比想象中更长的时间，但却是不可避免的。当然，只要新闻内容过硬，形式也许并不那么重要。“我觉得报纸是否可以存活下去并不重要，”《华盛顿邮报》的执行编辑马库斯·布劳奇利（Marcus Brauchli）说，“重要的是新闻存活下去，并且保持着独立，依然可以向当权者问责。重要的是新闻可以继续服务于社会，保证公民、政策制定者、朋友和对手能够获得有深度、准确和全面的关于社会、国家和世界的信息。”

其他媒体也会发生变化

“我有两个年纪尚幼的女儿，我无法想象她们听着收音机长大。”全国公共广播电台 NPR 的罗伯特·史密斯说，“无论 FM 还是 AM 的电台将会越来越不入流。但音频还是不会被淘汰。无论是通过网络、iPod、手机还是接下来会产生的媒体，音频新闻永远会存在。首先，你总有些时候不能盯着某个东西看：当你开车、慢跑或者洗碗的时候。在那些时刻，音频就是最佳的选择。除了上述所说的便利性，我认为人人都喜爱听故事。人类的声音永远不会过时。像 NPR 这样的机构知道如何将声音带入人们的生活。这样的机构是不会消失的。”但是，记者和新闻机构仍然需要迎难而上，想方设法地运用科技，不仅要更快地完成工作，更要加深人们对新闻事件的理解。

人们随时需要新闻

观众需要随时随地、尽可能方便地获取新闻。广播电视人将要适应并满足观众的这一需求。人们可能会等待新一集的《60 分钟》在周日晚上播出。但新一集一旦播出，人们会希望通过一个简单的渠道找到并且收看它。

新闻将被进一步细分，并且变得更加个人化

当资源持续减少，新闻机构或许要缩减它们的业务，把资源用在更少的事情上。“我觉得我们正向一个新的新闻世界迈进。在那个新闻世界里，地方和国家新闻有着重大的区别。”博客聚集网站“谈话要点备忘录”的乔舒亚·马歇尔说，“一个地方报纸或者网站，甚至地区报纸或者网站去独立报道国家新闻的这个逻辑在新闻和商业的角

度上来说都是很弱的。”马歇尔说，让一个大城市比如俄亥俄州的报社去报道国内新闻，并且让俄亥俄州的读者觉得这个报社的报道水平要高于《纽约时报》、*MSNBC*、《华盛顿邮报》、《赫芬顿邮报》或者其他全国性媒体，这是一件让人难以想象的事情。“所以我认为，就国家新闻和政治新闻这两个领域，未来可能会由一批扎根于网络的全国性媒体来主导。”马歇尔这样说。与此同时，经济因素迫使许多媒体缩减其专业领域报道，一些具有市场针对性的网站和线上媒体将会不断壮大来填补这个空缺，以满足消费者。新闻受众也会发现新的办法来个性化他们喜欢的网站，为自己带来更好的网络体验。

多任务处理将成为常态

看现在的年轻人，我们注意到他们可以同时做三四件事情，比如一边看电视、听音乐或打电话，一边写文章。我们这代人过去也会处理多项任务，但现在的年轻人可以同时兼顾更多事情。像这样处理多重任务对于年轻人来说也许早已是常态，但弊端是人们花在每一样任务上的时间要少于他们一心一意做一件事时所花的时间。研究表明，当人们同时做几件事情时，他们获取信息的速度会减慢。这就意味着，记者们要在开始播报新闻时制造轰动效应。除非电视新闻足够精彩，抓住人们的注意力，否则就可能沦为噪音。

科技将会继续影响新闻报道的形式

就我们所处的时代而言，人们还不能将手机变成一个移动的电视台或者通过手机收看实时的电视节目。但那样的时代终将到来。人们会运用一切的科技革新去营造一个更快、移动性更高以及（我们希望是）更好的新闻报道模式。我们已经看到卫星信号接收器的革新。从前，人们需要通过卫星信号接收器，将世界一端的信号传送到另一端。现如今，你只需要互联网或者手机和一些应用广泛的文件传送软件就可以在世界任何地方传送高品质的视频。相比卫星信号接收器，以这种方式发送一条新闻故事省了很多钱，也容易了很多，所以只要条件允许，电视制作人就会让记者用网络传送新闻。

我们正面临信息过剩

当我们面对如此多的新闻渠道和博客时，早已不知该阅读和收看什么。而且得益于科技的发展，越来越多的网站将涌现。到时候，这种情况将变得更加严峻。人们必须找到一个办法来控制他们从网络上获得的信息量。他们还需懂得如何高效地使用网络。这就是我们看好优质媒体的未来的原因之一。“今时今日，面对如此多的声音和博客，可以说，每个人都拥有一个报社。”《60 分钟》的斯科特·佩利说道，“我认为人们将被他们知晓和信赖的品牌所吸引。”人们需要外界的帮助来理解他们所接触到的信息。能收听到总统的演讲是一回事，能拥有一个值得信赖的人去阐释演讲中提及的新举措，抑或是把演讲放在一个语境之下去解读，这是另一回事。

人们还是会选择他们所信赖的网站

人们已经认识到，不是所有网络上的信息都是准确的。这就是为什么他们信任主流媒体来确保获得准确而公正的信息的原因。“在这片信息的汪洋大海里，人们会找出拥有准确信息的岛屿。”布劳奇利说，“他们会选择值得信赖的信息来源。他们会希望忠于事实，有背景语境并且公正的新闻。这是新闻至高无上的权力和价值。”随着网络的发展，对信息的信任将会成为一个越来越突出的问题。

人们还是会继续做新闻

新闻业仍将需要成千上万受过训练的专业人员来运营那些备受信赖的新闻机构。“人们谈论大型媒体时总是带着轻蔑。但要是没有这些媒体，后果不堪设想。”佩利说，“像 CBS、《纽约时报》和美联社这样的大型媒体有过滤信息的传统和体系。我们是专业人士，我有我的编辑，我的编辑有他/她的编辑，信息就这样从这个被称为《60 分钟》的庞大滤网中通过，最后成为 CBS 新闻。所以，当新闻最终呈现给观众时，观众可以确信这些经众多专业人士层层把关的信息是真实准确的。当然我们也并非一直是正确的，也会犯错误，偶尔我们还会犯严重的错误。但是，考虑到我们每天、截稿前、每周所处理的庞大的信息量，我们的工作质量还是相当高的。”

新闻来源于大众而非仅仅来源于记者

当大众能够越来越熟练地操作网络，越来越多的新闻会来源于普通民众。只要看看像推特和 Youtube 这样的网站数量激增的情况，就能明白每个人都已可以随时随地分享信息。如今，普通人都能用他们的手机报道亲眼目睹的事，而几年前，只有记者才能这样做。随着科技的发展，这个趋势将会持续下去。这其中的挑战是如何使用户提供的信息更有价值，如何确保大家看到真实的信息并淘汰掉不准确的信息。“我担心的是如果让更少的记者承担更多的职责，他们确保信息准确的时间将会减少。而如果我们更多地依赖于维基百科和博客圈，我们又将陷入传播错误信息的循环。”罗伯特·安德森如此说。市场动力也许会有利于新闻的发展。如果一些网站缺乏读者，这些网站就会倒闭。如果人们有一些很好的想法，网络会给予他们这个平台来实践他们的想法。我们发现一些如 Spot. Us 这样的调查类新闻网站。在这些网站上，读者为新闻故事集资，这一做法相当不错，也是促成高品质新闻内容生成的妙法。

资源依然很重要

尽管网络资源丰富，人们仍在寻找新鲜、有趣和重要的信息。拥有强大原创报道能力的机构依然会很占优势。开创性报道通常非常花钱，这就意味着只有最大型的新闻机构才有可能做出大型调查性新闻。“我去达尔福尔报道政府军摧毁村庄的那趟旅程大概花费了 25 万美元。那些在自家地下室工作的博主是不可能做到的。那样的报道之旅对他们来说是不可能的。”佩利解释道，“如果你想报道政府撒的谎和作的恶，你就需要一个非常强大、有经济实力并且立场坚定的机构来承担这样的工作。”当新闻机构具有财力时，它们抓住观众的可能性提高了，而且它们履行监督社会这一重要职责的可能性也提高了。

这对于当今的记者来说意味着什么?

> 别把自己太当一回事了。今天你可能还在采访总统，明天就去报道狗的婚礼了。
>
> ——德鲁·格里芬（Drew Griffin），记者

你可能已经知道我们要说的是，报道实力才是王牌。无论现在还是将来，你能否在新闻界成功，取决于你能否提出有新意的新闻点子，能否用专业的手法去报道它们，以及能否达到我们在本书中所提出的报道标准。不过，鉴于新闻业的发展趋势，单单是好的报道可能已经不够了，你还必须能够熟练驾驭科技。如果你能用摄像机拍片子，建起一个网站，编辑音频、视频和图片的话，你将成为你供职的新闻机构中至关重要的一员，尤其当你服务的是一个小型新闻机构的时候。“我觉得这就是这个行业的趋势。我真的这么觉得。”罗斯·米切尔说，“我觉得总有一天他们会把新闻部里的所有摄像机给我们，然后告诉我们‘好了，这就是你们的摄像机。拿去拍摄吧。’我觉得那一天的到来只是时间问题。”

拥有多项报道技能的人早已炙手可热。“几周前，当我在密苏里大学时，那天刚好有一个达拉斯的电视台在招人。得克萨斯州的达拉斯拥有美国第八大新闻市场。他们在招一个多面手的记者。”米切尔回忆道，“22 岁，哈，只要你知道如何拍片、剪辑、报道、把故事上传到网络、为报纸发稿，你就可以直接去达拉斯了。这在以前是闻所

未闻的。”在广播界也是一样。“今时今日，一名广播播音员要承担更多的责任。我们都要在网上写稿、拍照片，还有一些甚至要做视频。”罗伯特·史密斯说。

“我们聘用的是所谓的兼具写稿、制片、报道能力的复合型人才。”嘉莉克说，“他们不仅能写稿，也能出去拍摄、采访，把素材带回来后剪辑录像。我觉得下一步就是身兼写稿、制片、编辑和摄影的人才了。一个人就是一个团队。”这也许是一个新闻机构最经济的经营模式，但嘉莉克说要找到在这些方面都很出色的人才异常困难。“这基本是不可能的，”嘉莉克叹息道，“我发现自己能找到很多能够摄影、编辑视频的人。但最为紧缺的是能写电视新闻稿的人。绝对是这样的。”嘉莉克说当她给参加面试的人一个笔试，让他们写一小段脚本，15 人中大概只有 1 人可以写出能被播报的稿件。这就说明了，无论是在广播电视还是纸质媒体，出色的写作能力都能让你备受关注。

想要提高写作能力的办法就是多写。分析你喜欢的作者的文本和稿件也会有所帮助。“找你喜欢的写稿人，给他们打电话。”史密斯建议道，“我经常碰到这样的人。他们开口就问：‘你是如何写作的?’我可以说上几个小时。直至今日，我还会仔细研读我喜欢的记者的稿件，找出这个稿件之所以好的原因。”阅读优秀作家的作品同样有用。“阅读优秀的小说，像狄更斯、齐弗、契诃夫、雷蒙德·卡佛的作品，你可以明白在写作时应如何描述人物、如何暗示人物性格和动机。”记者安东尼·拉米雷斯建议道。找一个导师或者教练来帮助你提高写作能力也是一个办法。

如何开始

总有人问我们，如果你最终想要在一家大型报纸、杂志或者通讯社工作，什么是最佳的职业道路？他们想知道应该从一个小报社或者通讯社的小记者做起，也许是一个小城市里的报社或通讯社，还是从一家大型报纸、杂志或者通讯社的助理做起。事实上，任何一条路都是行得通的。“在电视媒体领域，现在有两条常见的路，”安德森说，“一个是久经考验的老办法：‘去一个最小型的附属机构，做任何你希望成为你专长的工作，因为你的目的是让它成为你的专长。’如果想成为一名出镜记者，那就去得克萨斯州的某个小城镇，在那里，你可以成为一名出镜记者，然后开始在你的专业领域做得越来越出色。另一条路是，‘我也许会在得克萨斯州越来越有名，但纽约人根本不知道我的存在。所以，我要在早间新闻部就职，尽情地写台本。我要使周围的人都对我的聪明和刻苦印象深刻。最终，我要在摄像机前播报当地新闻。’这两条路都行得通。”

在我们认识的新闻界从业人员中，大多数人的职业始于小型机构，然后一路走向大型机构。“我常常对年轻人说，先入小池塘，在一个较小的池塘里身负较大的职责。我觉得那些在大机构或者大型报社从一个文员做起的人，是在浪费时间。”克里斯·华莱士说，“如果你有一技之长，尤其是会用 DVD 和网络，你的才华必定会被发掘，你一定会在你的职业道路上越走越好。”过去，从小地方开始做起意味着在一家城镇的小型报社或小型附属机构里工作。但现在，它意味着入职一家刚起步却富有前景的网络新闻机构。原理是一样的。这并不意味着你没法从一个大型新闻机构的底层开始往上升迁。琳达·梅森就是一个例子。她从 CBS 新闻部的一个文员开始做起，最终成为资深副主管。

另一个让你的工作引人注目的办法就是成为某个报道领域中的行家。这个领域非常广泛，包括法律、体育、科学和环境。但这个领域必须是你非常感兴趣的地方。约瑟夫·坎贝尔教授告诉学生们去“追寻你自己的幸福”。我们也全力支持这条忠告。要想获得专业知识，你可以去研究生院进修或者就职于新闻业之外的行业。例如，如果你花一到两年在国会山工作，你一定会获得很多内行人才懂的知识，这些知识足以让你今后去报道有关国会的新闻。《纽约时报》的克里斯托弗·奇弗斯在成为记者之前曾是海军军人。他说他的海军生涯经常能帮到他的记者工作。他举了2004年别斯兰人质事件（Beslan siege）的报道为例。当时超过1 200人在俄罗斯南部的一所学校被扣为人质。这个学校布满了炸弹，其中几枚在劫持事件的最后一天发生了爆炸。“由于对武器和战术有了解，我们更容易理解在那一天里发生的种种，并且从事后的众多荒谬之说中整理出有效信息。”奇弗斯解释道，“关于这次劫持和最后一场战斗，政府和为数不少的记者散布了许多匪夷所思的消息。要不是我了解武器，我也很可能像大多数人一样被他们的故事牵着走了。”因为对别斯兰人质危机的报道，奇弗斯毫无意外地获得了两个国家级新闻奖项。

其他提升自己的好办法就是：旅游。海外报道能力是一项非常棒的专长。如果你拥有在海外国家工作的知识和技能，尤其当这个国家会出现在新闻里的时候，你的职业一定会蓬勃发展。但你必须会说当地的语言，才会真正具有雇佣价值。贝丝还记得她在莫斯科的前两年，因为不会说俄语而屡屡受挫。“我跟着一位老师学习俄语长达十年，”她说，“大概在最初的两年时间中，我必须使用翻译。但之后我的俄语越来越好，已足够独立完成采访。我曾经每天晚上躺在床上，想一遍我需要用到的词，所以我睡觉时，俄语字典往往会放在我的床头柜上。”为了在海外顺利报道新闻，你还必须了解当地的文化和历史，以及那个国家的风俗。你还需要花时间来建立人脉，花时间来认识报道的细微差别。海外报道不是每个人都可以完成的。但如果你有这个能力，将帮助你在职业阶梯上快速上升。

在记者生涯中，你有时候会感到非常沮丧、难以出挑、难以升迁，也很难拿到好的选题。在经济不景气的时候，你甚至很难找到一份工作。在我们的职业生涯里，我们都做过一些我们不太喜欢的工作或者觉得很难在职业的阶梯上往上爬。迈克花了好几十年从密歇根州大急流市（Grand Rapids）内一个小型广播站的播报员成为 CBS 新闻的明星记者。最重要的是，你必须花心思提升自己的经验和能力，并且相信你获得的知识终将为你带来职业回报。

新闻业成功的黄金法则

光说你想要做严肃的新闻是不够的，你必须要收看它。

——亚伦·布朗（Aaron Brown），记者兼教授

对于我们在这一章中阐述的所有问题和挑战，我们始终坚信一个原则：优秀的新闻业是不可或缺的。无论这个行业在未来几年或几十年里将如何发展，那些能够做出伟大新闻的记者——那些拥有激昂热忱和思维火花的优秀记者，一定能成功。把这个原则记在心里，我们接下来将进一步展开论述，并提醒你到底应该怎样报道新闻。

1. 报道真正的新闻

“伟大的记者就是那些揭露事件、制造新闻的人。”克里斯·华莱士解释道，“他们有本事挖出一些人们不希望曝光的事，能够在采访中突破原设话题，让受访者说出些他们初时并不打算说的东西。”他说这就是他每次主持《福克斯周日新闻》时脑海中所想的。华莱士做节目时，总是设法让他的采访对象说一些能成为当天及隔天报纸新闻的内容。但他并不仅仅以头条率或收视率衡量自己的成功。他更看重的是报道一些能对观众产生影响的新闻。“我认为你希望自己所报道的新闻能够扩充观众的知识，有益于他们的生活。你希望能够让他们对某一事件有所认知、有所见解，这一事件是他们感兴趣的，甚或对他们的生活有直接影响的，而他们此前却未曾了解过。”他解释道。所以应当进入

其他人未曾涉足的领域——而不是仅仅重复所有人都在做的事情。

2. 出去跑新闻

好的记者会自己跑出去寻找新闻。“你要是待在办公室里，守着电话，你能报道的新闻就屈指可数。”罗伯特·安德森说道，“你必须跑出去。如果你出去找新闻，你能得到的信息是在办公室电话里得不到的。如果你要做新闻，就滚出你的办公室。”这样做或许艰难又耗时。有时，做一个积极主动的记者也许非常劳心劳力。但当你发现了一个精彩的故事时，你会觉得这些都是值得的。

3. 勇敢面对

当你开始寻找选题的时候，迎头面对那些困难的选题。要勇敢。“把自己放在从未预见到自己会思考的角度。”迈克尔·布罗纳说道，“不要多问，直接面对。或者，如果你必须要问的话，要准备周全，要说服把关人如果你能获得许可，这个世界将因此更美好。然后用你得到的许可来服务社会。”我们所认识的许多优秀记者不仅能够迅速承担风险，而且能在风险变得太大时适时撤退。勇敢也意味着在报道新闻时要坚持不懈。面对困境时，一个真正坚持不懈的记者不会放弃报道，而是寻求另一条途径。

4. 利用你的相对优势

无论你做什么，都要试着做得比别人更好。好好学习一门科目，把它变成你的专长。在别人还未创造价值的地方贡献价值。就拿晚间新闻来说，“当六点半新闻播出时，大多数美国人可能已经通过各种渠道反复收看过这些新闻——有线电视上，当然还有网络上，这就是他们必须要面对的现实。”迈克说。他说这意味着他们必须要做一些不同的事情才能获得成功——提供其他媒体无法提供的深度报道，用雄厚的资金来促成优秀的开创性报道。在一个竞争激烈的世界里，做得与众不同就是成功的要领。

5. 勤奋工作

“如果你问我哪个因素最能决定并且区分成功与不成功的人，那个因素一定不是智商。”克里斯·华莱士说，“那个因素是精力。”能在这个领域走得很远的人都是那些无比勤奋的人。这不仅事关工作的时间，也事关比你的竞争者更加努力。“你要比任何人都勤奋，”华莱士建议道，“要更专业、更全面地完成你的工作。寻找不同的角度，用不同的方式来完善你的工作。有句老话叫‘天道酬勤’。我拿到那么多新闻，约到那么多大采访，在报道或问题中挖出那么多真相，都是因为我比别人多做了那一部分。”

6. 有耐心

你不会在一夜之间成为主播。每一次你觉得自己尽力了，已经够格，却并不一定会赢得普利策奖或者艾美奖。“当今的主流就是追求一夜成名、一夜爆发，一下就能获得荣耀。”马文·卡尔布说，“而想到要一路努力往那个目标发展，甚至花上十年二十年的时间，则让人感到恼火又不耐烦。”记住，大部分记者都花了几十年才有所成就。履行好你的职责，从学徒做起，记住培养技能需要花费一定的时间。同时记住，新闻业，就像其他任何行业一样，并不总是以实力论成败的。有时候一些人会被提拔成为你的上司，尽管你觉得你是一个更好的记者。电视业尤其如此，年轻貌美总能获得提拔。在 CBS 新闻，当劳拉·洛根（Lara Logan）被任命为CBS的首席驻外记者时，越过了很多比她经验老到上几十年的记者，她的升迁因而对一部分人的自尊造成了伤害。这种事情时有发生。当它们发生的时候，抱怨几句后就应马上继续前行。工作勤奋、聪明能干、态度良好，这些品质最终会让你受人瞩目。也不要被现在严峻的工作市场吓倒。“我们的社会对高质量的新闻永葆饥渴，”《纽约时报》记者吉尔·艾布拉姆逊说，“有志的热血青年因此永远受到这个行业的欢迎。”

7. 别忘了你的工作是为了别人

带着对受访者的怜悯和敬意去工作。从他们身上学习，让你的生活因此更丰富。“拥抱他人，赢得他们的信任，仔细聆听他们的故事，并从他们告诉你的事情中发现智慧的火花。”迈克尔·布罗纳这样忠告。作为记者的一大幸事是能够见到你不曾有机会见到的人。永远要把报道对象的感受放在心上，他们也许正经历着大喜或大悲。永远别忘记，你首先是一个人，其次才是一个记者。

8. 有团队合作精神

新闻采访并不总是一场个人秀。迈克是第一个承认他的成就是来源于成百甚至上千他有幸合作过的同事们的人。尤其，如果不是泰德·耶茨（Ted Yates）为迈克想出了他的转型之秀《晚间节奏》（*Night Beat*），迈克的新闻事业也许就不会如此兴盛。因此，在工作中，你要试着用到所有人的智慧，这样你往往能获得更好的成果。

另外别忘了你是新闻业兄弟姐妹中的一员。你的一言一行体现了整个行业的水准。信不信由你，作为一个记者，有时意味着你甚至要帮助你的竞争对手。在场外报道中，记者几乎总是要互相帮助。解答疑问，分享信息，互借器材。总要尽量伸出援手，哪怕帮助对象是你的对手。说不定，下次需要帮助的人就是你自己。

9. 抱持怀疑精神而非愤世嫉俗

不要相信任何听到或读到的东西，而去相信那些你亲自求证过的东西。调查事件时敞开心胸，根据证据与事实来获得有理的结论。对待政府官员尤其要抱持怀疑。那是你作为记者的责任。“年轻人必须明白的一点是，新闻业的追根究底和对事实的钻研从来不嫌多。他们必须知道绝不能满足于一个‘是或非’的答案，绝不能轻信政府，公司，或者任何人的言论。”佩利说道。“新闻生产已经持续了千百年，但我觉得在今天这个时间点上，互联网与博客已将此活动变得更加频繁了。另外更有一股信息生产的巨浪在向我们涌来。年轻的记者必须用最传统的方式去寻找信息的源头，他们需要获得更多的消息源，并且获得第一手资料，去和那些真正手握信息的人交谈。”

10. 不要自我满足

新闻业充满了自我膨胀的人，但你必须花一切代价避免自我膨胀。罗斯·米切尔因务实而常受同行赞许，他说他见到过一些记者不知怎样迷失了自己。“这是一份我梦寐以求的工作，在广播电视机构工作，做一名广播电视记者，”罗斯说，“这是很棒的工作，但说到底，也只是份工作而已。当你离开这份工作时，你还是你。希望这个职业不会改变你。”所以我们的建议是，保持谦卑，每个人都喜欢跟低调的人合作。虽然你的工作要求很严格，还是要尽力在工作之外有自己的生活，享受你所做的。“这是一个充满乐趣的职业，你追逐的快乐，还有那份来自于通过审验信息而最终把故事精彩叙述出来的神奇感与满足感。”艾布拉姆逊说。

11. 为你自己找到一个道德的指南

马文·卡尔布说当他在 CBS 开始工作的时候，他把爱德华·默罗当成自己行动与报道的标尺。“默罗是否会赞同这样做呢?”卡尔布说那时他常这样问自己。“我从来都不想让默罗失望，这样做能起到一定的作用。”但卡尔布说如今一切都变了。“我不确定现在还有没有默罗这样的人能作为年轻记者的灯塔。我不知道记者是否会觉得他们做错什么事情的话，某些人会失望透顶。”他说，“如果不是的话，那真是巨大的失败。”所以，去找一个人做你的道德楷模，家人也好，编辑也好，制片人也好，甚至如爱德华·默罗这样一位业界传奇也行。如果那人还在世的话就再好不过了，你可以真的向这个人询问意见，寻求指导。关键是要找到你自己的位置，并且目标远大。

12. 记住， 世界正仰赖着你

如果记者不去报道罪行、揭露社会不公的话，那谁还会去呢?即使在当今这个网络世界中，我们仍然需要人们穿透表面，挖掘并曝光罪行，向那些人问责。“美国的生活质量取决于新闻的质量，”斯科特·佩利说，“大部分人不会意识到这一点，不过如果你仔细想想，新闻就是我们社会结构的支柱之一。你不能将那根支柱抽离，它与一个国家政治的质量、生活的品质都密切相关。它是构建一个伟大国家不可或缺的一部分。”这就是新闻最重要的功能，也是我们在此试图教给你的所有事情的核心。

所以，如果那是你想要做的新闻行业，你已经有了开展工作的基本知识。现在，是时候跨出去征服世界了。

记者工具箱

1. 核对清单

纸媒清单

- 我的文章里是否有错别字?
- 我的标点符号用得正确吗?
- 我有没有查过我所在新闻机构的写作手册以确保我用词准确?
- 我写的导语清楚有力吗?
- 我写的硬新闻中，在读了头两三句后，能明白这篇报道是关于什么的吗?
- 我写的硬新闻中，有没有把最重要的点放到开头两三段?
- 我有没有用倒金字塔结构写这篇硬新闻，把最重要的信息放在最开头?
- 我有没有在文章的第 3、4 或 5 段里使用直接引语? 如果没有，文章是不是因此更有力?
- 我使用的直接引语有没有为文章增色，加强了情感，增添了幽默感?
- 我的文章是否通篇逻辑清晰?
- 我是不是把所有名字都写对了?
- 我是否核实了文章中每个人的头衔?
- 我有没有复核过我文中的各个事实?
- 我有没有复核过所用引语，确保它们完全正确?

- 我有没有在文中臆断某些可能不属实的事情?
- 我的文章读来是否像报刊文章，还是像随笔或学期论文?
- 我的用句是否简短明了?
- 我写的段落是否已相对简洁?
- 我是否删去了不需要的词语?
- 我是否使用了主动态?
- 我有没有把自己的观点带入文章?
- 我有没有在文中使用判断性字词?
- 我是否对所有采访过的人做到公平?
- 我有没有以公正平衡的方式解释这则新闻的本质?

广播清单

- 报道是否清晰，是否包含了最重要的材料?
- 我有没有同时用了自然声和采访片段?
- 我用的声音有没有帮助阐述新闻?
- 我是不是在报道现场录下的这些声音? 如果不是，它们可能不适于用在此处。
- 我有没有在报道中用上我最好的声音材料和最好的采访片段?
- 那些听众看不到的事物，我有没有用文字创造出画面?
- 我的导语是否言简意赅?
- 我的导语是否能吸引到听众?
- 我是否有效地引介了每一段采访?
- 我使用的直接引语有没有为报道增色，加强了情感，增添了幽默感?
- 我有没有在每个采访片段前介绍说话人（或者假如我在长采访片段前用了一个短采访片段，有没有立即在短采访后介绍说话人）?

- 我有没有在首次介绍人物时给出他们的头衔？
- 在第二、三次提到某个人物时，我的指称是否正确？
- 我是否核实过报道中每个人的头衔？
- 我的报道是否通篇逻辑清晰？
- 我的报道是否有一个合理的结尾？
- 我有没有复核过报道中所有的事实？
- 我有没有复核过所用的引语，确保它们完全符合上下文？
- 我有没有在文中臆断某些可能不属实的事情？
- 我的用句是否简洁明了？
- 我是否删去了不需要的字词？
- 我是否使用了主动态？
- 我有没有把自己的观点带入报道？
- 我有没有在文中使用判断性词语？
- 我是否对所有采访过的人做到了公平？
- 我有没有以公正平衡的方式解释这则新闻的本质？
- 播报新闻时我是否不急不缓、精神十足，重读了重要的字词？

电视清单

- 报道是否清晰，是否包含了最重要的材料？
- 我报道中的文字和影像是否对应？
- 我的文字是否为影像增加了信息而非重复了画面信息？
- 我是否将最好的影像、声音和采访片段放到了报道中？
- 我的导语是否言简意赅？
- 我的导语是否能吸引到观众？
- 我是否有效地引介了每一段采访？
- 我使用的直接引语有没有为报道增色，加强了情感，增添了幽默感？

- 我的报道有没有记者站立出镜的片段以增加可信度？
- 我的报道是否通篇逻辑清晰？
- 我有没有核查过所有出现在屏幕上的名字书写正确？
- 我是否核查过报道中每个人的头衔？
- 我有没有介绍所有引语来源者的头衔，无论是在叙述中还是在屏幕标示上？
- 在第二、第三次提到某个人物时，我的指称是否正确？
- 我有没有复核过报道中所有的事实？
- 我有没有复核过所用的引语，确保它们完全符合上下文？
- 我的报道是否有一个合理的结尾？
- 我有没有在文中臆断某些可能不属实的事情？
- 我的用句是否简洁明了？
- 我是否删去了不需要的字词？
- 我是否使用了主动态？
- 我有没有把自己的观点带入报道？
- 我有没有在文中使用判断性词语？
- 我是否对所有采访过的人做到了公平？
- 我有没有以公正平衡的方式解释这则新闻的本质？
- 播报新闻时我是否不急不缓、精神十足，重读了重要的字词？

互联网清单

撰写网络新闻时可以用到以下核查清单。

- 我能不能制作出图表——无论是否能与读者互动，以帮助整篇报道？
- 我能不能在网站上加上纸媒刊出的文章？

- 我能不能加上电视报道？
- 我能不能加上广播报道？
- 我能不能加上播客？
- 我能不能加上幻灯片？
- 我能不能加上时间轴？
- 我能不能以某种方式放上带个人色彩的故事？
- 我能不能就这个话题提供对读者有帮助的其他网站的链接？
- 我的读者能不能在网上留下评论或添加信息？

2. 电视报道文稿格式及范例

以下是实际操作中你该怎样写电视播报文稿。

A. 叙述部分通常**全部使用粗体**[①]，以便需要从蓝莓手机或其他手持电子设备上阅读的记者能轻松看到文字。采访片段文稿用正常文体。

B. 你在叙述时想要使用的画面内容置于括号中放在文字之前，像这样：

（这里写上要配什么画面）

叙述：这里放上记者叙事。

C. 以一个“标题提示”开始你的文稿，就是能总结你整个报道的一两个词。

标题之下写上节目、日期以及记者姓名（如果有制片人和编辑的话也要写上）。

D. 如果你有采访片段，写上字幕要用的信息，包括人物的姓名和头衔。然后写下这个人所说话语的完整稿。记住字幕可能容纳不下一个人完整的头衔以及他们的工作单位。

影像说明：说话人的姓名和头衔

---

① 原文意为将所有英语字母大写，目的是为了让记者播报时看得更清楚。这里以中文“粗体”代替英语“大写”的意义。

采访内容：引语的完整文稿

以下是播报文稿范例。

播报稿范例

U2
史密斯/琼斯/贝克（记者/制片人/编辑）
晚间新闻 3/6/10（记者会出现的节目和日期）

（音乐会上的 U2，音乐起，演唱歌曲《美丽日子》）
叙述 1：摇滚明星通常不在校园演出，尤其是在黎明破晓时。

（波诺）
叙述 2：但 U2 却于今日在布朗克斯福特汉姆大学一场清晨音乐会上摇滚了起来，并通过 ABC 新闻《早安美国》节目现场转播。

影像说明：波诺，U2 主唱
波诺采访内容：“我们加入摇滚乐队是为了不要上大学，但如果情况是像这样的话，事情可以变得不一样。”

（更多乐队演出画面）
叙述 3：这本应是一场秘密的演出——作为乐队宣传新专辑 *NO LINE ON THE HORIZON* 的一部分。

（学生们跟随音乐跳上跳下）
叙述 4：但消息泄出，成千上万福特汉姆大学的学生排了一整夜

的队就为了占得一个好位置。

影像说明：克里斯托弗·罗杰斯，教导主任，福特汉姆大学

罗杰斯采访内容：“我们想要保密，因为害怕有太多U2的粉丝。出于安全方面的考虑，音乐会只对学生和校友开放。”

（更多U2的演出画面）

叙述5：但400多万观众在电视上观看了这场演出。乐队正在宣传他们的新专辑，随着新一轮的巡演开始，他们将踏上全美各地的体育场。

记者出镜播报，站在舞台附近，乐队和学生为背景

“这场演唱将乐队一周以来繁忙的工作推向了顶峰。此前一周，他们与市长一同出游，每晚出现在大卫·莱特曼的‘深夜秀’上，甚至在曼哈顿市中心以他们的名字命名了一条街。”

（乐队演唱，音乐起：“Hello，hello...”来自歌曲Vertigo）

叙述6：乐队演唱了六首歌曲，然后留下与粉丝们握手签名。

影像说明：波诺，U2主唱

“这就是我们起步的地方。不是说布朗克斯，而是说我们都是在十七八岁时组建了乐队。这是我们的家。”

（开场镜头，珍妮弗·索耶在跳舞）

叙述7：福特汉姆的学生们说他们很乐意与这个四人组一起分享他们的家。

影像说明：珍妮弗·索耶，福特汉姆学生

索耶采访内容：“这是我看过最棒的演唱会。为了占个好位置我在这里排了一整晚队，但这太值得了！我爱 U2！”

（歌曲结束，乐队成员开始对观众挥手告别）

叙述 8：因为 U2 的这场演出，从今天开始，或许福特汉姆就将被视为摇滚之校。

3. 一分半钟长播报稿的结构

记住你的报道必须回答新闻的全部八个基本问题（何人，何事，何时，何地，何故，怎样，那又如何，然后呢）。

同时选择你要在报道中说明的五个点，按顺序排列，然后融入各段叙述。

（以你最好的画面开始）

能抓牢观众的**导语**。包不包含你五个点中的某个都可以，但要言简意赅。

叙述——亮出你五个中心点中的至少一两个。

引介到第一段采访原声片段

采访片段 1

更多叙述——亮出你五个中心点中的至少一个

引介到第二段采访原声片段

采访片段 2

更多叙述——亮出你五个中心点中的至少一个

电视专题报道中可以插入记者出镜报道

引介到第三段采访原声片段

采访片段 3

终结性信息——摆出五个点中你还没有说明的任何一点。

（第二好的画面，或者符合逻辑的结束画面）

结尾——结论，故事结尾，终结感。如果是电视新闻可以加入出镜报道。

4. 新闻术语表

Beauty shot 美景镜头 特别精彩的电视报道镜头。

Bite 原声 某人在讲话时的采访原声片段。同 sound bite。

B-roll 辅助镜头 各种不同的普通镜头。

Checkbook journalism 有偿新闻 为采访给予受访者回报。

Chyron 影像说明 显示在电视屏幕上的信息，比如某人的名字和职位。同 super。

Clip 片段 一段采访片段。

Close 结尾出镜 记者重新出现在屏幕上的时刻，通常在一段录制好的报道后。

Closed-ended question 封闭式问题 要求简单回答是或否的问题。

Close-up 近景 拍摄细小事物的镜头。同 tight shot。

Crawl 滚动条 新闻节目中屏幕底部的滚动信息。

Cut 切换 视频剪辑中镜头的切换。

Cutaway 过场镜头 视频剪辑中使用的非主情节类镜头，比如一个记者倾听的镜头。过场镜头在剪辑中很有用。

Desk 办事处 新闻运作中的组织机构。

Direct lede 直接导语 硬新闻导语，包含发生了什么的确切信息。

Direct quotes 直接引语 使用消息来源人确切原话的引语。

Elements 元素 报道中的不同元素（比如，受访者、拍摄地点等）。

Enterprise reporting 开创性报道　原创报道，通常基于问询和调查。

Feature 特写　软新闻报道；话题性新闻，不需要在特定时间报道。

Get 热门采访　每个记者都想得到的一日中最重大的采访。

Hard news 硬新闻　突发新闻。

Indirect lede 间接导语　一篇文章的开头，没有即刻揭示这篇文章是关于什么的。通常是一则逸事或故事。也称为延迟性导语。

Insert 插入报道　事先录制好的报道，通常搭配现场介绍，以及/或记者结尾出镜。

Inverted pyramid 倒金字塔　在硬新闻中，将事实从最重要排列到最次要。

Kit 整套工具　摄影师的装备。

Lede 导语　文章或广播电视播报稿中的起首一两句话。

Libel tourism 跨国诽谤控告（告洋状）　在另一个国家以诽谤罪起诉某个作者，而这一国家的诽谤罪界定不及作者本国的严格。

Live shot 现场报道　记者出现在屏幕上的电视报道，记者通常出现在新闻现场。

Medium shot 中景　介于远景和近景之间。可能显示了一两个人或某个小区域。

MOS 路人采访；对路人的采访　同 vox pop。

Moving down 后移　将报道中的某部分向结尾处移动。

Moving up 前移　将报道中的某部分向开头处移动。

Natural sound 自然声　非来自采访的声音。可能是自然或机械发出的声音。

News peg 新闻由头　一则可与特写故事产生联系的新闻，能为特写带来时效感。

Nut graph 核心段落　能总结某则特写主题或重要性的段落。

On-cam 出镜　记者在镜头前出现说着些什么。同 standup。

Open 开场　现场报道的开头。

Open-ended question 开放式问题　不能以简单的是或否回答的问题。

Package 完整包　录制好的电视报道，已经过剪辑并加入了记者叙述。

Pan 移动拍摄　从一边到另一边或从上到下移动摄像机镜头。

Pitch 报选题　报新闻选题。

Pull 拉镜头　将摄像机镜头由近拉到远。同 zoom out。

Punching 重读　在你报道广播电视新闻稿中重读字词。

Push 推镜头　将摄像机镜头由远推近。同 zoom in。

Rundown 节目单　显示节目中将播出的报道的排列单。

Setup 开场　拍摄受访者做着某些事的镜头。

Signoff 签名　报道末尾标明记者名字。

Slug 标题提示　总结你故事的一个字词。

Sock puppeting 马甲　记者假扮成自己所写文章的读者，并在网上评论。

SOT 原声　同 sound bite。

Sound bite 原声（片段）　一段受访者引语。同 bite。

Sound up 声响　逐渐响起的自然声，然后随着叙述或报道声音慢慢变小至淡出。

Staging 摆拍　为拍摄而去引发一起事件或让某人做某事。

Standup 出镜　同 on-cam。

Super 影像说明，屏幕标示　同 chyron。

Talking head 电视受访者　报道中某个说话时动作不多的人。

Tease 噱头　告诉观众之后的新闻节目中将有些什么话。

Throw 抛话头　让某人接下去说话（在报道末尾，记者通常让主播接话）。

Tight shot 近景　同 close-up。

Track 叙事　（名词）记者在报道中的声音或叙述；（动词）为电视或广播新闻录下记者的声音。

Voice-over（V/O）　影像播放中某人说话的声音，通常是主播的。

Vox pop 路人采访　同 MOS。

Wallpaper 墙纸　与文字同时出现却不讲述故事的画面。

White balance 白平衡　电视摄影中用以确保曝光准确的一种量度。

Wide shot 远景/光景　显示某特定场景许多内容的镜头。

Zoom in 推镜头　同 push。

Zoom out 拉镜头　同 pull。

5. 深入学习

这里的一些活动能帮助你深挖每章的课程。

第一章

（1）登录 www. cbsnews. com/video/watch/? id=4455573n 可观看迈克·华莱士对阿亚图拉·鲁霍拉·穆萨维·霍梅尼的访谈。问问自己迈克追求的是光还是热。

（2）读一下爱德华·默罗于 1958 年对“广播电视新闻主任协会”（Radio and Television News Directors Association）发布的讲话。他对于电视业未来的看法是否准确？讨论记者是否应该或是否能够完全保持中立。

（3）分别看一小时 CBS 新闻、福克斯新闻以及微软全美广播公司节目（MSNBC）。想想这些电视新闻报道中客观报道的比例有多少，意见观点的比例有多少。你喜欢哪种风格？为什么？

（4）读读诸如《纽约时报》、美联社和《华尔街日报》这些新闻机构针对社交网络言论的政策。你认为它们是否公正？

《纽约时报》政策：www. poynter. org/content/content_view. asp?id=157136

美联社政策：www. wired. com/images _ blogs/threatlevel/2009/06/facebookfollow/

《华尔街日报》政策：www. laobserved. com/archive/2009/05/wsj_staffers_told_to_be_n. php

（5）想象一下，假如你向某人发出正式的采访邀请被拒绝了，该怎么办？什么时候你会采取突击式采访，什么时候你会寻找另一个采访对象？

（6）观看、收听或阅读一则新闻报道。想想其中有哪些因素与我们对于热和光的定义有关。

第二章

（1）观看一集《60分钟》节目，想想记者和制片人可能是怎样想到这个新闻选题的。试着自己为《60分钟》节目想一个好选题。

（2）收看或收听某个以采访闻名的记者的节目。可以是《60分钟》节目的某位记者、美国国家公共电台《新鲜空气》（*Fresh Air*）的泰瑞·格罗斯（Terry Gross）、PBS新闻的比尔·莫耶斯、ABC新闻的芭芭拉·沃尔特斯，或某个当地电台、电视台记者。分析他们所问的问题。其中有多少是事先准备了的，有多少是随着采访谈话而跟进的？随着采访的深入，问题是否越来越难？采访中哪些部分显示了采访人事先做过功课？

（3）想象你有了机会采访你最喜爱的演员。问问自己你会怎样为一次成功采访做必要的调研。写下你要问这个明星的十个问题，并按照逻辑排列。

（4）看一场周日晨间政治类脱口秀。想想主持人是如何在突破新领域的同时又使得讨论能让广大美国民众都理解的。其中问题有多少是事先准备的，多少是采访中跟进的？主持人是如何在提问中体现他/她所做的背景调查的。

（5）看几集福克斯新闻《欧瑞里因素》，或者任何迈克尔·摩尔（Michael Moore）的纪录片——比如《罗杰和我》（*Roger and Me*）以及《科伦拜校园事件》（*Bowling for Columbine*）中的伏击式采访。想想他们是否包含了光（信息），还是仅仅只有热（戏剧性）。

第三章

（1）在网络上观看迈克的一些采访。想想他的采访风格是怎样的。每场采访的风格有何不同？他是如何与采访对象建立联系的？他在提问时是如何措辞的？

（2）观看泰德·科佩尔、芭芭拉·沃尔特斯、艾德·布莱德利、比尔·莫耶斯、克里斯·华莱士或乔恩·斯图尔特（Jon Stewart）的采访。或者收听高妙的泰瑞·格罗斯在她公共电台的节目《新鲜空气》中的表现。他们的采访风格有些什么不同？在与受访者建立关系的过程中他们使用了什么技巧？做一场现场采访与做录制采访的处理方式有何不同？问问自己：一名记者的性别或种族会在工作中产生不同作用吗？

（3）读读某位记者为大型报刊或新闻杂志所做采访的转录文字。你总能找到有全文转录的采访。评估这位记者的风格和技巧。想想假如这一报道是为广播电视而做，他或她是否会做出什么改变。

（4）在网上观看克里斯·华莱士于 2006 年 9 月 26 日对克林顿总统进行的采访，也可以阅读采访文字稿。问问你自己，如果一场采访变得带有火药味时你会怎样处理？

（5）就你的家族历史及传统采访一下你家族中年事最高的长者。

第四章

（1）取一篇你当地报纸的硬新闻文章。分析一下这篇文章是否以倒金字塔结构写成。

（2）从你读的报纸中选两篇硬新闻，检验一下“首五点要素”法则。在记者文章的首五段中包含了哪些元素？是否符合“首五点要素”？怎样符合？

（3）从杂志或报纸中找一篇特写新闻。文章导语属于哪类？它有吸引到你吗？文章结构是如何搭建的？

（4）找一篇开头使用硬新闻导语的硬新闻，再找一篇开头为间接导语的硬新闻。哪一种能更快地吸引到你?

(5)找一篇报纸或杂志报道,看看作者是如何引介到引语,以及如何写出引语归属的。你能否找到“报刊文章的三位一体”——引介、引语和归属?

(6)在普利策奖网站(www.pulitzer.org)上注册,并阅读不同奖项类别的获奖文章。特别注意一下导语、结构和文字质量。

第五章

(1)看一则电视新闻报道,全美或当地电视台的都行。注意文字和画面是如何配合、如何互补的。什么时候你仅仅是看到了墙纸?

(2)收听一档美国全国公共广播电台的主要新闻节目,可以是《早间节目》(*Morning Edition*)或《纵览全局》(*All Things Considered*)。收听使用自然声的报道。注意自然声是如何为叙述和采访片段做补充的?

(3)观看我们最爱戴的一位 CBS 新闻记者——已故伟大的查尔斯·库拉尔特(Charles Kuralt)的一些报道,分析他是如何撰写关于普通美国人的新闻的。他的一些报道可以在 www.cbsnews.com 和 YouTube 上找到,也有 DVD 出售。他是如何将导语写出风格的?他是如何吸引到你的?他在报道中用了哪些巧妙的字词?他是如何将自然声、图像以及采访片段糅合在一起的?是什么让他的报道如此精彩?然后再将他的作品与 CBS 现在做同类型新闻的一位记者史蒂夫·哈特曼的作品相比。你可以在 www.cbsnews.com 找到不少他的报道。

(4)观看一些新闻节目中记者站立出镜的片段。是放在整个报道的中间还是末尾?这些镜头是在哪里拍的?记者说了什么事情?其中有多少是分析?有多少是就没有视频的部分做出描述的?这些出镜报道如何为报道添彩?

(5)在网站 www.pbs.org/wgbh/pages/frontline/bushswar 上找

找PBS的纪录片《布什的战争》。详览网站上所有的采访和其他资源，想想这些材料对普通观众有何价值。

(6) 从你当地报纸找些头版文章，然后思考你可以在网站报道上加些什么其他元素。

第六章

(1) 印第安纳大学有一个讨论道德伦理问题很棒的网站。网页上有几十个关于现实社会伦理困境的案例，每一个案例都阐释了当时的记者是如何解决困境的。请登录那个网页读一些案例。你是否同意那些记者的处理方式？参看 journalism. indiana. edu/resources/ethics。

(2) 职业记者协会的网页上有几十个新闻机构有关行为准则的链接。请读一下部分准则。这些准则如何相同？彼此之间又有何不同？参看 www. spj. org/ethicscode-other. asp。

(3) 登录 www. oyez. org 查找一些中央最高法院关于媒介法的案例。请阅读这些案例。它们如何论述我们需要有自由而活跃的新闻界？

(4) 查一下你所在的州是否有新闻保障法。如果有的话，试着找到并且阅读那些法律进而确定你有保护线人名字的权利。参看 www. rcfp. org/privilege 上新闻自由记者委员的特权纲要。

第七章

(1) 在 www. journalism. org 上阅读卓越新闻计划（Project for Excellence in Journalism）中最新一期的《新闻传媒业现状》（*State of the News Media*）报告。问问自己，新闻业中出现的新现象有哪些？

(2) 查看一些顶级新闻奖的获奖者以及获奖作品，这些新闻奖包括普利策奖、乔治·波尔克奖（George Polk Awards）、新闻与纪录片艾美奖（News and Documentary Emmy Awards）、海外新闻俱乐部奖（Overseas Press Club Awards）、哥伦比亚大学阿尔弗雷德·杜邦奖（Alfred I. DuPont-Columbia University Awards）、美国国家杂志奖

(National Magazine Awards)、爱德华·R. 默罗奖(Edward R. Murrow Awards)和卓越新闻报道奖(Sigma Delta Chi Awards)。许多新闻奖的网页会让你阅读获奖作品或者了解所颁发的奖项。花一些时间去了解获奖者。看一下谁拿到了这些奖，问问自己，为什么他们可以获得这些奖项。网页地址请在下一节“新闻学资源”中查找。

(3) 寻找一下年轻记者可以参加的新闻评奖和奖学金。其中包括滚石年度学院新闻比赛(the Rolling Stone Annual College Journalism Competition)、列文斯顿年轻记者奖(the Livingston Awards for Young Journalists)、罗伯特·F. 肯尼迪新闻奖(Robert F. Kennedy Journalism Awards)、埃弗特·克拉克/塞斯·佩恩年轻科学记者奖(Evert Clark/Seth Payne Award for Young Science Journalists)。在网上还能找到更多的奖项。看一下你做过的事情或者想做的事情能否进入这些奖项评选。网页地址请参见“新闻学资源”一节。

(4) 如果你是一名大学的学生记者，加入合议庭美联社(Associated Collegiate Press)。如果你在念高中，加入全美学院新闻报道协会(National Scholastic Press Association)。这两个组织都会开展会议，评选奖项，为年轻记者提供有用的培训。关于这两个组织的信息请参看 www. studentpress. org。

(5) 养成阅读传媒网站的习惯。我们比较喜欢的一些网站是波音特学院网以及其下属的由吉姆·罗梅奈斯科(Jim Romenesko)收集整理的每日新闻栏目(www. poynter. org)、MediaBistro 以及相关网站(www. mediabistro. com)、哥伦比亚新闻评论网(Columbia Journalism Review, www. cjr. org)，还有美国新闻评论网(American Journalism Review, www. ajr. org)。《纽约时报》周一的商业板块也总是会有一些关于新闻媒体的报道。

6. 新闻学资源

登录我们的网站 www. heatandlight. org 查看完整网络资源列表。关注最新动向，请加入我们的脸书小组 Heat and Light。

整体参考

Committee to Protect Journalists 保护记者委员会

www. cpj. org

Investigative Reporters and Editors 调查性新闻记者及编辑

www. IRE. org

Media Bistro 媒体小酒馆

www. mediabistro. com

National Press Club 国家媒体俱乐部

npc. press. org

Newseum 新闻博物馆

www. newseum. org

Pew Research Center's Project for Excellence in Journalism 皮尤研究中心卓越新闻计划

www. journalism. org

Poynter Institute 波因特媒体研究学院

www. poynter. org

Reporters Without Borders/Reporters Sans Frontieres　无国界记者组织

www. rsf. org

Society of Professional Journalists　职业记者协会

www. spj. org

适于学生记者

Associated Collegiate Press　大学联合媒体

www. studentpress. org

CNN Student News　CNN 学生新闻

www. cnn. com/studentnews

Columbia Scholastic Press Association　哥伦比亚学术媒体协会

www. columbia. edu/cu/cspa

Investigative Reporters and Editors student page　调查性新闻记者及编辑（学生版）

www. ire. org/education/highschools. html

Journalism Education Association　新闻教育协会

www. jea. org

National Scholastic Press Association　（美国）国家学术媒体协会

www. studentpress. org

New York Times Campus Weblines　《纽约时报》校园网络连线

www. nytimes. com/learning/general/specials/weblines/index. html

Quill and Scroll International Honor Society for high school students

羽毛与纸卷国际高中生荣誉协会

www. uiowa. edu/～quill-sc

Student Press Law Center　学生新闻法律中心

splc. org

适于职业发展

新闻类工作，编辑和出版人

www. mediajobmarket. com

新闻类工作，加利福尼亚大学伯克利新闻研究生学院

journalism. berkeley. edu/jobs

Journalism Jobs　新闻工作网站

www. journalismjobs. com

Journalism Next　网站

www. journalismnext. com

Media Bistro　媒体小酒馆网站

www. mediabistro. com

皮尤研究中心卓越新闻计划，职位资源

www. journalism. org/resources/job_links

培训与奖学金

American Press Institute　美国报业协会

www. americanpressinstitute. org

Fellowship, Scholarship and Grants Database, American Journalism Review　美国新闻评论奖学金与研究资助数据库

www. ajr. org/awardsl. asp? awtype=1

Joan Shorenstein Center on the Press, Politics and Public Policy, Harvard University 哈佛大学琼·肖恩斯坦新闻、政治与公共政策研究中心

www. shorensteincenter. org

John S. Knight Fellowships for Professional Journalists, Stanford University 斯坦福大学约翰·S·奈特职业记者奖学金

knight. stanford. edu

Knight-Bagehot Fellowship in Economics and Business Journalism, Columbia University 哥伦比亚大学经济和财经新闻奈特-白哲奖学金

www. journalism. columbia. edu/knight-bagehot

Knight Digital Media Center 奈特数字媒体中心，南加州大学安嫩伯格传播学院与加利福尼亚大学伯克利新闻研究生学院合作项目

www. knightdigitalmediacenter. org

Knight Science Journalism Fellowship at MIT 麻省理工学院奈特科学新闻奖

web. mit. edu/knight-science

Knight-Wallace Fellows 奈特-华莱士新闻奖学金

www. mjfellows. org

Nieman Foundation 尼曼基金

www. nieman. harvard. edu

Maynard Institute 梅纳德新闻研究所

www. mije. org

Poynter Institute 波因特媒体研究学院

www. poynter. org

奖项

Alfred I. DuPont-Columbia University Awards　阿尔弗雷德·杜邦哥伦比亚大学奖

www. journalism. columbia. edu

Awards Database, American Journalism Review　美国新闻评论奖项数据库

www. ajr. org/awards1. asp? awtype=1

Edward R. Murrow Awards, Radio and Television Digital News Association　广播电视数字新闻协会爱德华·默罗奖

www. rtdna. org/pages/awards. php? g=67

Emmy Awards, National Academy of Television Arts and Sciences　美国电视艺术与科学学院艾美奖

www. emmyonline. org

Evert Clark/Seth Payne Award for Young Science Journalists　埃弗特克拉克/塞思佩恩年轻科学记者奖

www. mindspring. com/～us009848

George Foster Peabody Awards, University of Georgia　佐治亚大学乔治弗斯特奖匹巴迪大奖

www. peabody. uga. edu

George Polk Awards, Long Island University　长岛大学乔治波克奖

www. brooklyn. liu. edu/polk

Goldsmith Awards, Harvard University　哈佛大学金匠奖

www. hks. harvard. edu/presspol/prizes_lectures/goldsmith_awards

Livingston Awards for Young Journalists　利文斯顿青年记者奖

www. livawards. org

National Journalism Awards, Scripps Howard Foundation　斯克里普斯霍华德基金会国家新闻奖

www. scripps. com/foundation/programs/nja/nja. html

Overseas Press Club Awards　海外新闻俱乐部奖

www. opcofamerica. org

Pulitzer Prizes, Columbia University　哥伦比亚大学普利策奖

www. pulitzer. org

Robert F. Kennedy Journalism Awards　罗伯特·F. 肯尼迪新闻奖

www. rfkmemorial. org/legacyinaction/journalismawards

Rolling Stone Annual College Journalism Competition　滚石年度大学新闻大赛

www. rollingstone. com/journalismcontest

Sigma Delta Chi Awards, Society of Professional Journalists　美国职业记者协会 Sigma Delta Chi 奖

www. spj. org/a-sdx. asp

行业新闻与信息

媒体新闻

Daily Briefing, Pew Research Center's Project for Excellence in

Journalism　皮尤研究中心卓越新闻计划每日简讯

www. journalism. org/dailybri

Media Bistro　媒体小酒馆

www. mediabistro. com

NewsHour with Jim Lehrer, PBS, Topic, MediaPBS　新闻《吉姆·莱勒新闻时间》

www. pbs. org/newshour. topic/media

On the Media, National Public Radio　美国全国公共广播电台 *On the Media* 节目

www. onthemedia. org

Reliable Sources, *CNN*, transcripts CNN　《可靠消息来源》转录文稿

transcripts. cnn. com/TRANSCRIPTS/rs. html

Romenesko's Media News, Poynter Institute　波因特研究所罗梅奈斯科媒介新闻

www. poynter. org/column. asp? id=45

出版物

American Journalism Review　《美国新闻评论》

www. ajr. org

American Society of Newspaper Editors High School Journalism Project　美国报纸编辑协会高中新闻项目

www. highschooljournalism. org

Columbia Journalism Review　《哥伦比亚新闻》

www. cjr. org

Editor and Publisher 《编辑与出版人》

www. editorandpublisher. com

Nieman Reports 《尼曼报告》

www. nieman. harvard. edu/reports

Quill, Society of Professional Journalists 美国职业记者协会《羽毛》

www. spj. org/quill. asp

TV Quarterly 《电视季刊》

www. tvquarterly. com

多媒体/网络新闻资源

Cyberjournalist Cyberjournalist 网站

www. cyberjournalist. net

Digital News Journalist, City University of New York Graduate School of Journalism 纽约城市大学新闻研究生院 Digital News Journalist 网站

digitalnewsjournalist. com

J-lab, the Institute for Interactive Journalism 互动新闻学院 J-lab 网站

www. j-lab. org

Knight Digital Media Center 奈特数字媒体中心，更有教授如何使用诸如 Audacity、Garage Band 和 Final Cut Pro 等的精彩课程

multimedia journalism. berkeley. edu/tutorials

Online Journalism Review 《在线新闻评论》

www.ojr.org

Online News Association 在线新闻协会

journalists.org

报道撰写

报道资源

Citizen Journalism Toolbox, ePluribus Media ePluribus Media 公民新闻工具箱

discuss.epluribusmedia.net/cjtoolbox

Database Library, Investigative Reporters and Editors 调查记者和编辑资料库

data.nicar.org/node/61

Fed Stats Fed Stats 政府网站，提供联邦收集的数据链接

www.fedstats.gov

A Journalist's Guide to the Internet 记者互联网指南，由亚利桑那州立大学沃尔特·克朗凯特新闻学院主任克里斯托弗·卡拉汉运营的精彩网站

reporter asu.edu

Power Reporting 有力报道，由比尔·戴德曼负责，提供上百条有用链接

www.powerreporting.com

Reporter's Tools, *American Journalism Review* 记者工具，《美国新闻评论》

www.ajr.org/news_wire_services.asp? mediatype=13

Reporter's Toolbox, American Press Association/Illinois Press Association Foundation　记者工具箱，美国报业协会/伊利诺伊州新闻协会基金会

illinoispress. org/index. php? option=com_content&view=article &id=50&Itemid=70

Reporter's Toolbox, Society of Professional Journalists　记者工具箱，职业记者协会

www. journaliststoolbox. org

自由媒体/言论自由

American Civil Liberties Union　美国民权同盟

www. aclu. org

First Amendment Center　（宪法）第一修正案中心

www. firstamendmentcenter. org

National Freedom of Information Coalition　国家信息自由联盟

www. nfoic. org

Oyez Project　关键性案例多媒体资料库项目，收录联邦最高法院案件、争议和分析

www. oyez. org

Reporters Committee for Freedom of the Press　新闻自由记者委员会

www. rcfp. org

Student Press Law Center　学生新闻法律中心

www. splc. org

政府机构

Census Bureau 美国人口普查局

www. census. gov

Federal Communication Commission 联邦通信委员会

www. fcc. gov

Government Printing Office 美国政府印刷办公室，资料库资源丰富，可搜索各法律及政府文件

www. gpoaccess. gov

U. S. House of Representatives 美国众议院

www. house. gov

U. S. President 美国总统官邸白宫

www. whitehouse. gov

U. S. Senate 美国参议院

www. senate. gov

U. S. Supreme Court 美国联邦最高法院

www. supremecourtus. gov

新闻调研组织

Accuracy in Media 媒体准确性

www. aim. org

American Press Institute 美国报业协会

www. americanpressinstitute. org

Annenberg Washington Center 安嫩伯格华盛顿中心

www. annenberg. northwestern. edu

Association for Education in Journalism and Mass Communication 新闻与大众传播教育协会

www. aejmc. org

Center for Investigative Reporting 调查性报道中心

www. centerforinvestigativereporting. org

Center for Media and Democracy 媒体与民主中心

www. prwatch. org

Center for Media and Public Affairs, George Mason University 乔治梅森大学媒体与公共事务中心

www. cmpa. com

Dart Center for Media and Trauma, University of Washington 华盛顿大学达特新闻与创伤中心

www. dartcenter. org

European Journalism Centre, in English 欧洲新闻中心

www. ejc. net

Fairness and Accuracy in Reporting 公平与准确报道

www. fair. org

Freedom Forum 自由论坛

www. freedomforum. org

Joan Shorenstein Center on the Press, Politics and Public Policy, Harvard University 哈佛大学琼·肖伦斯特新闻、政治与公共政策中心

www. shorensteincenter. org

John S. and James L. Knight Foundation 约翰-杰姆斯·奈特基金会

www. knightfoundation. org

Media Matters for America 美国媒体事务

www. mediamatters. org

Media Research Center 媒体研究中心

www. mediaresearch. org

Pew Research Center for the People and the Press 皮尤研究中心民众与媒介中心

people-press. org

Tyndall Report 《廷德尔报告》

tyndallreport. com

对公众开放的信息

Reporters Committee for Freedom of the Press, letter generator for Freedom of Information Act requests 新闻自由记者委员会,《美国信息自由法》信息申请信件生成

www. rcfp. org/foialetter

Reporters Committee for Freedom of the Press, Open Government Guide with rules for each state's open records and open meetings laws 新闻自由记者委员会政府信息公开指南

www. rcfp. org/ogg/index. php

Search Systems 搜索系统,可搜索公共文件

www. searchsystems. net

Student Press Law Center, letter generator for making public records requests 学生新闻法律中心，申请查看公共记录信件生成

www. splc. org/foiletter

新闻组织和协会

纸媒

American Press Institute 美国新闻学会

www. americanpressinstitute. org

American Society of Magazine Editors 美国杂志编辑协会

www. magazine. org

American Society of Newspaper Editors 美国报纸编辑协会

www. asne. org

Newspaper Association of America 美国报业协会

www. naa. org

Newspaper database from *American Journalism Review* 《美国新闻评论》报纸资料库

www. ajr. org/newspapers. asp? mediatype=1

广播

National Association of Broadcasters 美国国家广播工作者协会

www. nab. org

NBC Icue，a learning environment based on NBC News archives NBC 基于 NBC 新闻档案的学习空间

www. icue. com

Radio and Television Digital News Association（RTDNA） 广播

电视数字新闻协会

www. rtdna. org

专业报道领域

Association of Health Care Journalists 医疗保健记者协会

www. ahcj. umn. edu

Center for Science and Medical Journalism 科学与医学新闻中心

www. bu. edu/com/jo/science

Education WritersAssociation 教育作家协会

www. ewa. org

Military Reporters and Editors 军事记者和编辑

www. militaryreporters. org

National Association of Science Writers 全国科学作家协会

www. nasw. org

Religion Newswriters Association 宗教新闻记者协会

www. rna. org

Society of American Business Editors and Writers 商业编辑和作家协会

sabew. org

Society of Environmental Journalists 环境记者协会

www. sej. org

各人群组织

Asian American Journalists Association 亚裔美国人记者协会

www. aaja. org

Association for Women in Communications 女性传播工作者协会

www. womcom. org

Association of Young Journalists and Writers 年轻记者作家协会

www. ayjw. org

National Association of Black Journalists 全国黑人记者协会

www. nabj. org

National Association of Hispanic Journalists 全国拉美裔记者协会

www. nahj. org

National Lesbian and Gay Journalists Association 全国同性恋记者协会

www. nlgja. org

Native American Journalists Association 印第安记者协会

www. naja. com

South Asian Journalists Association 南亚记者协会

www. saja. org

贡献者

Abramson, Jill　吉尔・艾布拉姆逊,《纽约时报》主编

Anderson, Robert　罗伯特・安德森, CBS 新闻《60 分钟》制片人

Blum, Ron　罗恩・布鲁姆, 美联社体育记者

Brauchli, Marcus　马库斯・布劳奇利,《华盛顿邮报》执行编辑

Bronner, Michael　迈克尔・布罗纳,《名利场》撰稿人

Burton, Eve　伊娃・巴顿, 赫斯特国际新闻集团总顾问

Chivers, Christopher　克里斯托弗・奇弗斯,《纽约时报》记者,《君子》与《田野与溪川》特约编辑

Ford, James　詹姆斯・福特, 纽约 WPIX 电视记者

Garlick, Lin　琳・嘉莉克, CBS 卫星新闻执行编辑

Hayes, Arthur　亚瑟・海耶斯, 福特汉姆大学传播与媒体学系副教授

Hickey, Neil　尼尔・希基, 哥伦比亚大学新闻研究生院教授, 前《电视指南》纽约分社社长

Hopp, Neil　尼尔・霍普, 中央密歇根大学学生刊物负责人

Kalb, Marvin　马文・卡尔布, 哈佛大学肯尼迪政治学院荣誉教授, 前 CBS 和 NBC 新闻记者

Keller, Bill　比尔・凯勒,《纽约时报》执行编辑

Marshall, Joshua Micah　乔舒亚・麦切・马歇尔,《谈话要点备忘录》创立人兼总编辑

Mason, Linda　琳达・梅森, CBS "新闻标准及特别项目" 高级副总裁

Mitchell, Russ　罗斯・米切尔,《CBS 罗斯・米切尔周日晚间新

闻》（*The CBS Sunday Night News with Russ Mitchell*）主播

Murphy，Kim　金·墨菲，《洛杉矶时报》记者

Palmer，Elizabeth　伊丽莎白·帕默，CBS新闻驻伦敦记者

Pelley，Scott　斯科特·佩利，CBS新闻《60分钟》节目记者

Ramirez，Anthony　安东尼·拉米雷斯，前《纽约时报》与《财富》杂志记者、编辑

Scanlan，Chip　齐普·斯坎兰，波恩特学院指导教师

Smith，Robert　罗伯特·史密斯，NPR记者

Wallace，Chris　克里斯·华莱士，福克斯新闻频道《福克斯周日新闻》主持人

致　谢

首先，我们要感谢所有为了这本书的写作而与我们交谈的人。他们中有些中断了假期来与我们交流；另一些因公务在身从千里之外给我们写来长篇邮件。正是他们的贡献，使得《光与热》这本书更有用、更有趣，也更具启发性，这一成绩绝非我们一己之力所能达到。在此衷心对你们所有人表示感谢。

其次要感谢迈克的助理：雷切尔·贯、芭芭拉·尼尔和帕姆·卡雷利。同样要谢谢彼得·奥伯格，他处理所有法律事务，大大推动了本书的完成。

还要感谢以下人士为本书安排采访：《纽约时报》的卡罗莱娜·瓦伦西亚、赫斯特新闻集团的海蒂·麦考密克和辛西娅·纳普，以及美国国家公共电台的米歇尔·克勒曼和安娜·克里斯多夫，还有艾德·普鲁伊特。

我们十分感谢 CBS 新闻在本书准备阶段给予的支持。要特别鸣谢高级副总裁琳达·梅森以及迈克《60 分钟》节目的老牌制作人罗伯特·安德森，他们无私地奉献了自己的时间，从本书写作之始便一路予以支持。CBS 的新闻传统深入我们的骨髓，能成为其中一员，我们都倍感自豪。贝丝还要感谢 CBS 新闻莫斯科分社的前同事，谢谢你们在家乡之外又给了我一个家。

能成为福特汉姆大学教员中的一员，得到一班顶级团队同事的支持，贝丝真的深感荣幸。她尤为感谢前媒体研究学院院长保罗·莱文森和现任院长詹姆斯·范欧斯汀对本书写作的热情支持，也要谢谢亚瑟·海耶斯教授核查媒体法律这一部分的内容。

贝丝还要谢谢身边的几位好友，他们在这一项目开展的过程中都给予了支持：托里·克拉克、丽莎· 科尔、亚利耶· 科尔、迪亚哥·迪亚兹、约瑟夫·迪威托、詹尼·叶列梅耶娃、罗伯特·福克、赫拉德·费斯特、理查德·佛罗里西、埃拉·吉尔伯特、苏珊·简·吉尔曼、乔纳森·格雷、罗伯特·帕斯托雷、乔纳森·桑德斯、苏希玛·索尼、蜜尔娜·塔特、查尔斯·瓦拉德、詹姆斯·温斯坦、艾丽西娅·温斯坦以及普里西拉·瓦兹奎斯。

同样多谢以下几位导师：迈克尔·帕克斯、约翰-托尔·达尔伯格、理查德·布德罗、理查德·斯雷尔克德和大卫·霍金斯。

还要感谢脸书上的一些朋友以及我的学生，你们不断地给予我鼓励。特别谢谢佩斯大学法学院的助理院长马克·舒尔曼阅读了我的初稿。

同样要感谢贝丝的家人在此期间给予的无限关爱和支持：马修·诺伯尔、大卫·诺伯尔、翠什·诺伯尔、马克·诺伯尔、拉奎尔·诺伯尔；戴维斯一家、弗里德兰一家和辛克一家；费尔斯全家人，以及别利亚尼诺夫家的塔玛拉、斯坦尼斯拉夫和格列布。贝丝也感谢她的丈夫基里尔和儿子亚历山大在这几月里给予的爱、支持和耐心。

我们还要谢谢本书两位出色的研究助理，福特汉姆大学的毕业生埃米莉·沙恩霍斯特和梅雷迪思·恩格尔，他们为该书的初稿付出了极大的心血。亦感谢苏·瓦戈审阅此书。

万分感谢克里斯·华莱士从万般忙碌中抽出时间评阅书稿。

也要特别鸣谢我们的图书代理人道格·格拉德。我们万分庆幸道格恰好在我们为本书寻找代理人时成立了自己的图书代理公司。他的智慧更为书中内容注入力量，他的参与为本书增益无穷。

假如没有皇冠出版集团的编辑朱利安·帕维亚，也绝不可能有这本书的诞生。他是促成本书的又一位大英雄，从一开始就完全明白我们对该书的期望以及本书可能为这一行业带来的帮助。他尽管年岁不长，却智慧过人，他周详的编辑和明智的建议大大改进了这本书。谢谢你朱利安。你真是了不起。

还有一个人，假如没有她的帮助，这本书真的是永远不会面世：玛丽·耶茨·华莱士，她从本书写作的最初就全心全意地给予支持。美丽迷人、敢于探索又关爱他人的玛丽鼓舞着她身边的每一个人。希望我们在此写成的是一本能够让她骄傲的书。

译后记

大约是在 2012 年秋季，原《南方周末》图书工作室总监张英来找到我，建议报社翻译出版一套海外非虚构作品丛书，之后我们还谈到普利策新闻奖、尼曼基金会写作课程、美国最佳杂志写作，等等。经过近四年的筹备和努力，“《南方周末》非虚构作品译介项目”授权作品已经开始陆续出版。

很多从事新闻行业的编辑记者都受到海外非虚构作品的影响，或多或少，或强或弱。在他们看来，这些作品显示了高超的叙事技巧、精妙的细节以及结构的完美性，其功能和意义已经超越了传统新闻文体所能承载的范畴，使新闻成为真正的“作品”，而非“消息”或者“通讯”。

我曾经十分清晰地记得，20 世纪 90 年代末，一个同事谈及第一次阅读普利策新闻奖特稿作品时的感受：“新闻竟然可以这样写?”是的，这就是他的诘问，包裹着一种难以名状的惊诧，印象中，那篇作品叫《抱住大树使劲摇撼》。彼时，中国式大特写或者报告文学的风潮在新闻界降温不久，一种“崭新的”写作样式开始受到青睐，并在一些市场化媒体中不断操演和实验。2012 年 7 月，《南方周末》出版了《特稿手册》，新闻学者展江先生在该书序言中称之为“新闻文体范式革命的引领者”，特稿也成为南周的品牌新闻产品之一。

毫无疑问，“新闻文体范式”的创新源头来自域外，特别是美国同行的经验。在此之前，展江先生主译的《新闻与正义》、新华出版社 1998 年编译出版的《新闻传播学译丛》等书籍，已经在行业内颇有口碑。我们的出版计划，可以说是上述书系的某种延续。这个非虚构作品项目，包括五本美国期刊编辑协会授权出版的《最佳杂志写作》，涵盖了该机构每年对上一年度的杂志文章选评的“国家杂志奖”

入围与获奖篇目。此外，还有美国哥伦比亚广播公司（CBS）王牌栏目《60 分钟》主持人迈克・华莱士、《纽约客》的资深撰稿人圣克莱尔・麦凯尔维等人的作品等。

上述获得授权出版的八本书，既包括专业的新闻作品，也有对新闻机构运作和新闻生产方式的研究和探讨，它们揭示了新闻业面临的困境和冲突，呈现了专业主义的操作方法，其中的若干非虚构作品，即使在今天，也具备旺盛的生命力。

“非虚构作品译介项目”图书得以出版，要感谢以下同仁的不懈努力：原《南方周末》图书工作室总监张英，编辑顾慧薇、陈若愚、潜彬思、刘文慧，特邀编辑华超超；还有目前项目的执行人——《南方周末》经营公司副总经理孟登科、研究院副秘书长张菁等。

朱强

《南方周末》副总编辑

图书在版编目（CIP）数据

光与热：新一代媒体人不可不知的新闻法则/（美）迈克·华莱士（Mike Wallace），（美）贝丝·诺伯尔（Beth Knobel）著；华超超，许坤译．—北京：中国人民大学出版社，2017.1

书名原文：Heat and Light：Advice for the Next Generation of Journalists

ISBN 978-7-300-23511-0

Ⅰ.①光… Ⅱ.①迈… ②贝… ③华… ④许… Ⅲ.①广播电视-新闻采访 ②广播电视-新闻报道 Ⅳ.①G212

中国版本图书馆 CIP 数据核字（2016）第 252401 号

光与热

新一代媒体人不可不知的新闻法则

［美］迈克·华莱士 著
［美］贝丝·诺伯尔

华超超 许 坤 译

Guang yu Re

出版发行	中国人民大学出版社		
社　　址	北京中关村大街 31 号	**邮政编码**	100080
电　　话	010－62511242（总编室）		010－62511770（质管部）
	010－82501766（邮购部）		010－62514148（门市部）
	010－62515195（发行公司）		010－62515275（盗版举报）
网　　址	http://www.crup.com.cn		
	http://www.ttrnet.com(人大教研网)		
经　　销	新华书店		
印　　刷	北京联兴盛业印刷股份有限公司		
规　　格	145 mm×210 mm　32 开本	**版　　次**	2017 年 1 月第 1 版
印　　张	9.5 插页 2	**印　　次**	2017 年 4 月第 2 次印刷
字　　数	216 000	**定　　价**	39.00 元